做個「快」樂の人

心理健康完全使用手冊

小林慧美◎編著

自己是自己的心理醫生

人的身體會生病，人的心理也會生病。一般的心理問題都可以自我調節，每個人都可以用多種形式自我放鬆，緩和自身的心理壓力和排解心理障礙。面對「心病」，關鍵是你如何去認識它，並以正確的心態去對待它。

熟讀本書，你將發現這些都不是問題，只要願意正視、解決它，你可以做個「快」樂的人。

前言

做個「快」樂的人

世界衛生組織提出：「健康是身體上、精神上和社會適應上的完好狀態，而不僅僅是沒有疾病和虛弱。」

世界衛生組織還提出了衡量健康的一些具體指標，它們是：

（一）快食

三餐的飲食吃起來感覺津津有味，能快速吃完一餐而不挑食，食慾與進餐時間基本相同。快食並不是狼吞虎嚥，不辨滋味，而是吃飯時不挑食，不偏食，吃得痛快，沒有過飽或不飽的不滿足感。如出現持續的無食慾狀態，則意味著胃腸或肝臟可能出了毛病。

（二）快睡

快睡就是睡得舒暢，一覺睡到天明。醒後頭腦清醒，精神飽滿。睡得快重要的是品質，如睡的時間過多，且睡後仍感乏力不爽，則是心理生理的病態表現。快睡說明神經系統的興奮、抑制功能協調，且內臟無病理信息干擾。

（三）快便

便意來時，能快速排泄大小便，且感覺輕鬆自如，在精神上有一種良好的感覺，便後沒有疲勞感，說明胃腸功能好。

（四）快語

說話流利，語言表達標準、有中心，頭腦清楚，思維敏捷，中氣充足，顯示心肺功能正常。說話不覺吃力，沒有有話說而又不想說的疲倦之感，沒有頭腦遲鈍、詞不達意的現象。

（五）快行

行動自如、協調，邁步輕鬆、有力，轉體敏捷，反應迅速。證明軀體和四肢狀況良好，精力充沛旺盛。

（六）良好的個性

性格溫柔和順，言行舉止得眾人認可，能夠很好地適應不同環境，沒有經常性的壓抑感和衝動感。目標明確，意志堅定，感情豐富，熱愛生活和人生，樂觀豁達，胸襟坦蕩。能以良好的處世態度看問題，辦事都能以現實為基礎。

（七）良好的處世技巧

看問題、辦事情，都能以現實和自我為基礎，與人交往能被大多數人所接受。不管人際關係如何變化，都能保持恒久、穩定的適應性。

（八）良好的人際關係

與他人交往的願望強烈，能有選擇地與朋友交往，珍視友情，尊重他人人格，待人接物能寬大為懷。既善待自己，自愛、自信，又能助人為樂，與人為善。

心理健康的概念是隨時代的變遷和社會文化因素的影響，而不斷變化的。心理學家對心理健康的概念有以下幾種說法：

（1）「心理健康是指人們對客觀環境具有高效、快樂的適應狀況。心理健康的人，應保持穩定的情緒、敏銳的智能，適應社會環境的行為。」

（2）「心理健康是指在知、情、意、行方面的健康狀態，主要包括發育正常的智力、穩定而快樂的情緒、高尚的情感、堅強的意志，以及良好的性格與和諧的人際關係等。」

（3）「心理健康是指人的一種持續的心理狀態，主要在這種情況下能作良好的適應，具有生命的活力，能充分發揮其身心的潛能。」

我們認為，所謂心理健康，是指對於環境及相互關係具有高效而愉快的適應。

心理健康的人，能保持平靜的情緒、敏銳的智能、適應社會環境的行為和氣質。

當前越來越多的人認識到良好的心理健康，是人一生適應各種挑戰的精神支柱，是一生保持良好生活品質的精神動力。

目錄

PART 2　發現自己的人格缺陷

CONTENTS
目錄

PART3 別讓意志障礙困擾你

PART4 躍出情緒黑洞

PART5 行為障礙——難戒之癮

PART6　各種特定人群的心理調適

PART 1
你的「心理」有問題？

第一節　虛榮

什麼是「虛榮心」？《辭海》解釋為：表面上的榮耀、虛假的榮譽。此最早見於柳宗元詩：「為農信可樂，居寵真虛榮」。心理學上認為，虛榮心是自尊心的過分表現，是為了取得榮譽和引起普遍注意，而表現出來的一種不正常的社會情感。

不要被虛榮奴役

我很喜歡英國哲學家培根和德國哲學家叔本華的兩句格言：「虛榮的人被智者所輕視，愚者所傾服，阿諛者所崇拜，而為自己的虛榮所奴役。」、「虛榮心使人多嘴多舌；自尊心使人沈默。」

有心理學家下了不少功夫研究人類的虛榮心，得到一個簡單的結論：虛榮心是二十世紀末過渡到下一個世紀間，最頑強也最類似愛滋病的痼疾。因為要邁向成功，必須遠離虛榮；不想成功，就會愛慕虛榮；要事事踏實，便會遠離虛榮；想獲得不實在的榮譽，就會滿足虛榮。唐代詩人柳宗元有詩云：「為農信可樂，居寵真虛榮」，便是最好的對比。

從近處看，虛榮彷彿是一種聰明；從長遠看，虛榮實際是一種愚蠢。虛榮者常有小狡黠，卻缺乏大智慧。虛榮的人不一定少機敏，卻一定缺遠見。虛榮的女人是金錢的俘虜，虛榮的男人是權力的俘虜。太強的虛榮心，使男人變得虛偽，使女人變得墮落。

古語云：「上士忘名，中士立名，下士竊名。」虛榮，也是一種「竊」。虛榮者，容易輕浮；輕浮者，容易受騙；受騙者，容易受傷；受傷者，容易沈淪。許多沈淪，始於虛榮。虛榮，很像是一個綺麗的夢。當你在夢中的時候，彷彿擁有了許多，當夢醒來的時候，你會發現原來什麼也沒有。既然如此，與其去擁抱一個空空的夢，還不如去把握一點實實在在的東西。

日本人福富太郎在《智慧賺錢法》一書中，提到獲得財運的第四十八種方法「勿一味追求時尚」：

前人認為吸引女性的要素有下列五項，一、膽量，二、金錢，三、面貌，四、才幹，五、幽默感。可是，現在的年輕人卻本末倒置，覺得能言善道、儀表堂堂最為重要。因此，鼻子較塌的人便趕快去整型動手術，如此愛慕虛榮的人，怎麼可能節儉致富呢？這類人在公司雖抱怨薪水太低太少，卻不知如何爭取合理的薪水，瞻前顧後，亦沒魄力脫離公司，獨立經營事業，他們能否受到女性歡迎，也是頗令人懷疑的。

若除了外表，其他一無可取的人，大概也不會有財運了。

觀察目前社會上，那些口口聲聲談裝扮、標榜個性風格的年輕人，卻多半也穿著路邊攤上的衣服，每個人都像穿制服似的，並無什麼特色可言，就好像打著宣傳廣告說：「我崇尚流行」，而實際上卻沒有自我一般。如此的流行，便意味著盲目，更是種浪費。

毫無疑問的，創造流行，使之蔚為風尚，可引入財源。但是，追隨流行者，花錢必形同流水，因流行如巨輪不斷向前轉，追隨者必須不斷跟進才行，我之所以推斷追求流行者不能存錢，道理即在於此。

虛榮心重的人，所欲求的東西，莫過於名不副實的榮譽；所畏懼的東西，莫過於突如其來的羞辱。

虛榮心最大的後遺症之一，是促使一個人失去免於恐懼、免於匱乏的自由；因為害怕羞辱，所以不定時地活在恐懼中，經常沒有安全感，不滿足；而虛榮心強的人，與其說是為了脫穎而出，鶴立雞群，不如說是自以為出類拔萃，所以不惜玩弄欺騙、詭詐的手段，使虛榮心得到最大的滿足。問題是——虛榮心是一股強烈的慾望，慾望是不會滿足的。

虛榮心所引起的後遺症，幾乎都是圍繞在其周遭的惡行及不當的手段，所以嚴格來說，每個人的虛榮心，應該都是和他的愚蠢等高。

真正的成功，是不會因某些成就而沾沾自喜的；若為所成就的人和事物感到驕傲，也應該是心存感恩、健康的驕傲，而非不當得而得的「虛榮」！虛榮心一旦形成（成熟）後，它所結合的諸多不良的心態、習慣和行為，會讓你只看得到眼前，離成功卻愈來愈遠。

克服虛榮

物質生活中的虛榮心行為，主要表現為一種攀比行為，其信條是「你有我也有；你沒有我也要有」，以求得周圍人的讚賞與羨慕。社會生活中的虛榮心行為，主要表現為一種自誇炫耀行為，透過吹牛、隱匿等欺騙手段來過分表現自己。例如，有的人吹噓自己是某要人的親戚、朋友，有的人將自己的某些短處隱匿起來，偷梁換柱，欺世盜名。這些情況已蔓延到生活的各個方面。總之，在真實面上製造一處眩目的「光環」，使你真假難辨，而虛榮者從中得到極大的心理滿足。

精神生活中的虛榮心行為，主要表現為一種嫉妒行為。虛榮與自尊及顏面有關，自尊與顏面，都是在社會活動中才能得以實現。透過社會比較，個體精神世界中逐步確立起一種自我意識，自我意識又下意識地驅使個體與他人進行比較，以獲得新的自尊感。「尺有所短，寸有所長」，有虛榮心的人，是否定自己有短處的，於是在潛意識中超越自我，有嫉妒衝動，因而表現出來的就是排斥、挖苦、打擊、疏遠、為難比自己強的人，在評職、評級、評優中弄虛作假。

虛榮心是一種為了滿足自己榮譽、社會地位的慾望，生活中每個人都或多或少的會產生這種慾望。然而，如果你表現出來的虛榮超過了範圍，那也許就成為一種不正常的社會情感。有虛榮心的人，為了誇大自己的實際能力水準，往往採取誇張、隱匿、欺騙、攀比、嫉妒，甚至犯罪等反社會的手段來滿足自己的虛榮心，其危害於人於己於社會都很大。

要克服虛榮心，必須要樹立正確的榮辱觀，即對榮譽、地位、得失、面子，要持有一種正確的認識和態度。人生在世界上要有一定的榮譽與地位，這是心理的需要，每個人都應十分珍惜和愛護自己及他人的榮譽與地位，但是這種追求，必須與個人的社會角色及才能一致。面子「不可沒有，也不能強求」，如果「打腫臉充胖子」，過分追求榮譽，顯示自己，就會使自己的人格受到扭曲。同時也應正確看待失敗與挫折，「失敗乃成功之母」，必須從失敗中總結經驗，從挫折中悟出真諦，才能自信、自愛、自立、自強，從而消除虛榮心。

社會比較是人們常有的社會心理，但在社會生活中，要把握好攀比的尺度、方向、範圍與程度。從方向上講，要多立足於社會價值，而不是個人價值的比較，如比一比個人在學校和班上的地位、作用與貢獻，而不是只看到個人薪資收入、待遇的高低。從範圍上講，要立足於健康的而不是病態的比較，如比成績，比幹勁，比投入，而不是貪圖虛名，嫉妒他人表現自己。從程度上講，要從個人的實力上把握好比較的分寸，能力平平的就不能與能力強的相比。

從名人傳記、名人名言中，從現實生活中，以那些腳踏實地、不圖虛名、努力進取的革命領袖、英雄人物、社會名流、學術專家為榜樣，努力完善人格，做一個

「實事求是、不自以為是」的人。

如果你已經出現了自誇、說謊、嫉妒等行為，可以採用心理訓練的方法，對不良的虛榮行為進行自我心理糾正，即當病態行為即將或已出現時，給自己施以一定的自我懲罰，如用套在手腕上的皮筋反彈自己，以求警示與干預作用。久而久之，虛榮行為就會逐漸消退，但這種方法需要有超人的毅力，與堅定的信念才能收效。

第二節　攀比

某機關有一位小公務員，過著安分守己的平靜生活。有一天，他接到一位高中同學的聚會電話。十多年未見，小公務員帶著重逢的喜悅前往赴會。昔日的老同學經商有道，住著豪宅，開著名車，一副成功者的派頭。這位公務員重返機關上班，好像變了一個人，整天唉聲嘆氣，逢人便訴說心中的煩惱。

「這小子，考試老不及格，憑什麼有那麼多錢？」他說。

「我們的薪水雖然無法和富豪相比，但不也夠花了嗎？」他的同事安慰說。

「夠花？我的薪水賺一輩子也買不起一輛賓士車。」公務員心疼地跳了起來。

「我們是坐辦公室的，有錢我也犯不著買車。」他的同事看得很開。但這位小公務員卻終日鬱鬱寡歡，後來得了重病，臥床不起。

攀比是一把刺向自己心靈深處的利劍，對人對己毫無益處，傷害的只是自己的快樂和幸福。

宮殿有悲哭，茅屋裡有笑聲

這世間，有的人家財萬貫、錦衣玉食；有的人倉無餘糧、櫃無盈幣；有的人權傾一時，呼風喚雨；有的人抬轎推車、謹言慎行；有的人豪宅、香車、嬌妻美妾；有的人醜妻、薄地、破棉衣——一樣的生命不一樣的生活，常讓我們心中生出了許多感慨。

看到人家結婚，車如龍，花似海，浩浩蕩蕩，又體面，又氣派。想想當年自己，幾斤水果幾斤糖，糊里糊塗就和自己的男人圓了房，心裡就屈。

看到人家暮有進步，朝有提拔，今日酒吧，明日茶樓，而自己卻是滴水穿石，總在原地，像隻冬眠的熊，心裡就酸。

看到人家逢年過節，送禮者踏破門檻、擠裂牆，而自家卻是「西線無戰事」、「頓河靜悄悄」，心裡就妒。

看到人家兒成龍，女成鳳，而自家小子又倔又強沒出息，心裡就怨。

看看別人，比比自己，生活往往就在這比來比去中，比出了怨恨，比出了愁悶，比掉了自己本應有的一份好心情。

攀比，或許是人的一種天性，聯想的天性。一個人有思維，必定有思想。看到人家好，人家強，凡夫俗子，哪個不心動？就算是道人法師，也要三聲「阿彌陀佛」，才能鎮住自己的慾望和邪念。生活的差別無處不在，而攀比之心又是難以克服，這往往給人生的快樂打了不少折扣。但是，假如我們能換一種思維模式，別專揀自己的弱項、劣勢去比人家的強項、優勢，比得自己一無是處，那樣多累。

要把眼光放低一點，學會俯視，多往下比一比，生活想必會多一份快樂，多一份滿足。正如一首詩中所寫：「他人騎大馬，我獨跨驢子，回顧擔柴漢，心頭輕些兒。」再說，騎大馬的感覺也並不一定就是你想像的那麼好，也許跨著驢子，悠哉遊哉，尚能領略一路風光，更感悠閒、自在。

再說，理性地分析生活，我們也會發現，其實，終其一生，生活對每一個人都是公平的，公正的，沒有偏袒。人生是一個由起點到終點，短暫而漫長的過程，在這個過程中，每個人所擁有和承受的喜怒哀樂、愛恨情仇都是一樣的、相等的。

這既是自然賦予生命的規律，也是生活賦予人生的規律，只不過我們享用、消受的方式不同，這不同的方式，便演繹出不同的人生。於是，有的人先苦後甜；有的人先甜後苦；有的人大喜大悲，有起有落；有的人安順平和，無驚無險；有的人家庭不和，但官運亨通；有的人夫妻恩愛，卻事業受挫；有的人財路興旺，但人氣不盛；有的人俊美嬌豔，卻才疏德虧；有的人智慧超群，但相貌不恭，正如古人說「佳人而美姿容，才子而工著作，斷不能永年者」。人間沒有永遠的贏家，也沒有永遠的輸家，這一如自然界中，長青之樹無花，豔麗之花無果。雪輸梅香，而梅輸雪白。

俗話說，人生失意無南北，確實宮殿裡有悲哭，茅屋裡有笑聲。只是，平時生活中無論是別人展示的，還是我們關注的，總是風光的一面，得意的一面，這就像女人的臉，出門的時候個個都描眉畫眼，塗脂抹粉，光豔亮麗，這全都是給別人看的。回到家後，一個個都素面朝天，這就難怪男人們感嘆：老婆還是別人的好。於是，站在城裡，嚮往城外，而一旦走出圍城，才發現生活其實都是一樣的。

第三節　猜疑

《三國演義》中，曹操刺殺董卓敗露後，與陳宮一起逃至呂伯奢家。曹呂兩家是世交。呂伯奢一見到曹操到來，本想殺一頭豬款待他。可是，曹操因聽到磨刀之聲，又聽說要「縛而殺之」，便大起疑心，以為要殺自己，於是不問青紅皂白，拔劍誤殺無辜。

把猜疑消滅在萌芽狀態

這是由猜疑心理導致的悲劇。猜疑是人性的弱點之一，是害人害己的禍根。一個人一旦掉進猜疑的陷阱，必定處處神經過敏，對他人對自己心生疑竇，損害正常的人際關係。那麼，在人際交往中，應如何消除猜疑心理呢？

優化個人的心理素質——拓寬胸懷來增大對別人的信任度，排除不良心理。

擺脫錯誤思維方法的束縛——猜疑一般總是從某一假想目標開始，最後又回到假想目標。只有擺脫錯誤思維的束縛，走出先入為主的死胡同，才能促使猜疑之心，在得不到自我證實和不能自圓其說的情況下，自行消失。

敞開心扉，增加心靈的透明度——猜疑往往是心靈閉鎖者人為設置的心理屏障。只有敞開心扉，將心靈深處的猜測和疑慮公之於眾，增加心靈的透明度，才能求得彼此之間的瞭解溝通，增加相互信任，消除隔閡，獲得最大限度的諒解。

無視「長舌人」傳播的流言——猜疑之火往往在「長舌人」的煽動下，才越燒越旺，致使人失去理智、釀成惡果。因此，當聽到流言時，千萬要冷靜，謹防受騙上當。

理智分析——當我們開始猜疑某個人時，最好能先綜合分析一下他平時的為人、經歷，以及與自己多年共事交往的表現，這樣有助於將錯誤的猜疑，消滅在萌芽狀態。

猜疑會讓你失去最珍貴的東西

哪怕是一點點猜疑，也可能讓你失去最珍貴的東西。

一個小鎮商人，有一對雙胞胎兒子。當這對兄弟長大後，就留在父親經營的店裡幫忙，直到父親過世，兄弟倆接手共同經營這家商店。

生活一切都很平順，直到有天一塊美金丟失後，關係才開始發生變化：哥哥將一塊美金放進收銀機，並與顧客外出辦事，當他回到店裡時，突然發現收銀機裡面的錢已經不見了！

他問弟弟：「你有沒有看到收銀機裡面的錢？」

弟弟回答：「我沒有看到。」

但是哥哥對此事一直耿耿於懷，咄咄逼人地追問，不願罷休。

哥哥說：「錢不會長了腿跑掉的，我認為你一定看見了這一塊錢。」語氣中隱約地帶有強烈的質疑意味，怨恨油然而生，不久，手足之情就出現了嚴重的隔閡。開始雙方不願交談，後來決定不再一起生活，在商店中間砌起了一道磚牆，從此分居而立。

二十年過去了，敵意與痛苦與日俱增，這樣的氣氛也感染了雙方的家庭與整個社區。

之後的一天，有位開著外地車牌汽車的男子，在哥哥的店門口停下。

他走進店裡問道：「您在這個店裡工作多久了？」哥哥回答說，他這輩子都在這店裡服務。

這位客人說：「我必須要告訴您一件往事：二十年前，我還是個不務正業的流浪漢，一天流浪到您們這個鎮上，肚子已經好幾天沒有進食了，我偷偷地從您這家店的後門溜進來，並且將收銀機裡面的一美元取走。雖然事過境遷，但對這件事情一直無法釋懷。一塊錢雖然是個小數目，但是深受良心的譴責，我必須回到這裡來請求您的原諒。」

當說完原委後，這位訪客很驚訝地發現，店主已經熱淚盈眶並語帶哽咽地請求他：「是否也能到隔壁商店將故事再說一次呢？」當這陌生男子到隔壁說完故事以後，他驚愕地看到兩位面貌相像的中年男子，在商店門口痛哭失聲、相擁而泣。

二十年的時光，怨恨終於被化解，兄弟之間存在的對立，也因而消失。可是誰又知道，二十年猜疑的萌生，竟是源於區區一塊美金的消失。

第四節　悲觀

對悲觀心理的調適，是培養人樂觀、開朗、灑脫、豁達性格的開始，對人終生有益。悲觀，是人自覺言行不滿而產生的一種不安情緒，它是一種心理上的自我指責、自我的不安全感和對未來害怕的幾種心理活動的混合物。

容易悲觀的人

悲觀成習的人對人對己都不會馬馬虎虎，相反，處事謹慎，處處提防自己行為不要出錯。一旦有了行為的失檢，總是害怕大難臨頭。同時，悲觀的人也有很強的「良心」自監力，即使沒有什麼嚴重後果，他也絕不饒恕自己。

容易悲觀的人是與世無爭的好人。他們心地善良，潔身自愛，習慣在處理事務中忍讓、退縮、息事寧人，常常是生活中的弱者，生性膽小、怯懦。他們不僅對自己的言行不檢「負責」，甚至對別人的過錯也「負責」。明明是別人瞪了自己一眼，他也會立即覺得自己肯定做了不好的事。

極端悲觀的人，常用反常性的方法保護自己。越是怕出錯，越是將眼睛盯在過錯上。一句話會後悔半天，人家並未介意的事，他也神經過敏。他對人際衝突極為恐懼，解決人際衝突的辦法也很奇怪。自己的孩子被人家打了，他還跟著打自己的孩子，因為孩子給自己惹是生非。

與別人發生衝突，在對方恃強要挾之下，他會當眾打自己耳光，以求寬恕。同時用這種辦法來平衡自己的苦悶，「因為我該打，打了自己才心安理得。」

平常的人也有悲觀情緒。表現為事情發生後的自我檢查，總結不足，找出不足的原因，從而在以後的行動中作積極的調整。就這一點來說，人人都會有悲觀，它是人類進步的校正器。但極端的悲觀，卻是心理不健康的表現，必須進行適當的調適。

人們經常不自覺地用一種刀子來刻畫自己的形象，「因為我是忠厚無能的人，所以我能忍氣吞聲，寧願傷害自己，也不指責對方。」這一形象一旦刻畫成功，品嘗「後悔」的苦酒，就成為一種自我安慰的享受。習慣成自然，一事過後，不是尋求勝利的喜悅，而是尋覓不幸與失誤。只有打破這種感情體驗的習慣，只有不再沈湎於後悔的體驗，才能很有效地克服悲觀情緒。

開朗的人的特點是把眼光盯在未來的希望上，把煩惱拋在腦後。只要讓更具有意義的事占據你的腦際，你的心就會亮麗一點。

有的人害怕行為失誤會給自己帶來危險，其實，真正危險的不是危險本身，害怕危險的心理，比危險本身還要可怕一萬倍。你如果在最擔心害怕的時候，向自己大呼一聲：「我豁出去了！」可能就不那麼擔驚受怕了。培養灑脫、豁達的性格，將會對你終生有益。

笑一笑，十年少

「笑一笑，十年少」，這是流傳在民間的一句有關精神衛生的諺語。它是精神情緒與健康長壽二者關係的最生動、最精闢的總結，也是古今中外的一條被驗證的「長壽祕方」。

人是精神和肉體的統一體，身、心之間有明顯的相互作用。

一個人情緒的好壞，直接影響到他的工作、生活和身體健康。從醫學上來看，笑是心理和生理健康的反應，是精神愉快的表現。

笑能消除神經和精神的緊張，使大腦皮質得到休息，使肌肉放鬆。特別是在一天緊張勞動之後或工作休息時，說個笑話，聽段相聲，大腦皮質出現愉快的興奮灶，有利於消除疲勞，增進健康。

歡笑還是一種特殊的健身運動。人一笑便引起面部眼、口周圍的表情肌和胸腹部肌肉運動。「捧腹大笑」時，連四肢的肌肉也一起運動，從而加快了血液循環，促進全身新陳代謝，提高抗病的能力。

笑對呼吸系統有良好的作用，隨著朗朗笑聲，胸脯起伏，肺葉擴張，呼吸肌肉也跟著活動，好比一套歡笑呼吸操。同時，哈哈大笑還能產生「出汗、淚湧和涕零」之效果，有著促進汗液分泌，清除呼吸道和淚腺分泌物的作用。笑是一種最有效的消化劑，愉快的心情能增加消化液的分泌，歡聲笑語可促進消化道的活動，使人食慾大增。

笑還具有祛病保健、抗老延年的意義。偉大的生理學家巴甫洛夫認為：「愉快可以使你對生命的每一跳動，對生活的每一印象易於感受，不管軀體和精神上的愉快都是如此，可以使身體發展，身體強健。」美國出版的《笑有益於血液——幽默的醫療作用》一書中，列舉了笑能治療多種疾病的科學道理，指出：笑能紓解頸部肌肉的緊張度，所以對頭痛病特別有效。著名化學家法拉第因用腦過度，年老時經常頭痛，他受「樂以治病」的啟發，經常去看喜劇，被逗得大笑不已，最後頭痛病不藥而愈。

美國記者卡曾斯得了一種在目前醫學上難以治療的疾病，他也是在一次因為看喜劇片大笑鎮痛的實踐下，自己擬定了看喜劇影片——笑——吃飯——睡覺——笑的「治療」方案，經過一段治療，病情大有好轉，十年後他已是個完全健康的人。

近年來，對長壽老人的調查也說明，性格從容溫和，樂觀開朗是他們共同的養生大法。為此，只有「笑口常開」，才能「青春常在」，讓我們盡情的歡笑吧！

第五節　自卑

自卑產生的原因

一個人過去的經歷、個人的性格特點和出人頭地的想法等，都有可能導致自卑感的產生。

（一）曾經有過的經歷

通常，自卑感強的人，往往是有過某一特別嚴酷的經歷，有過心理創傷。如有個學生，在整個小學期間的成績都很差，但四年級前完全無憂無慮，然而，後來發生的一件事，卻使他難以忘卻。那天他與同學正興致勃勃地踢足球，此時有位成績優良的同班同學故意搗蛋，他對此提出抗議，並據理駁倒了對方。但對方竟大吵大罵起來。這時有位任課老師正經過此處，將他們勸解開了，但老師一味訓他，反倒安慰那個同學，並衝著他說：「不好好讀書，只知道玩！」過去，他不怎麼介意學習不好的問題，這時他意識到問題的嚴重性，並由此產生自卑感。人之所以會產生自卑心理，絕大部分是由於兒童時代所受到的創傷引發的。成年時代產生自卑也大有人在，但是兒童時代所受創傷造成的自卑感持續時間最長，影響最大，克服起來也最不容易。如父母或其他成人經常打罵訓斥孩子、數落孩子的缺點等，這些都會在孩子幼小的心靈裡，留下影響其健康發展的陰影。但是，自卑心理在兒童身上並不十分明顯，而在青少年當中卻相當普遍。這是因為，進入青春期以後，人的自我意識發展得很快，青少年開始獨立地觀察、分析社會，用自己的觀點評價他人，也極其重視他人對自己的評價，非常關心「我」在別人心目中的形象。青少年開始重新審視自己，用挑剔的眼光尋求自己的不足，並常常將其誇大。每個人都在自己心目中塑造了一個理想的、完美的自我形象，越是希望向「他」靠攏，越是發現理想與現實的差距，於是暗自滋生不滿、失望和悲觀。同時，如果兒童時代曾有過創傷，這時會愈加強烈地浮現出來，一併合成而加劇了自卑。

（二）個人的性格特點

同樣的心理創傷，並非所有的人都會產生自卑感，因為心理創傷並不是完全起因於外部的刺激，而還有其主觀原因——性格。自卑感較強的人，一般具有以下幾種性格特徵：小心、內向、孤獨和偏見，完美主義。

因。自卑感往往就在類似入學考試、錄用面試、體育比賽等比試優劣的場合中產生的。

（三）出人頭地的想法

現代社會「出人頭地」的風氣越來越盛行，這也是造成某些人自卑感的重要原因。自卑感往往就在類似入學考試、錄用面試、體育比賽等比試優劣的場合中產生的。

從自卑的束縛下解脫出來

怎樣才能從自卑的束縛下解脫出來呢?可以採用以下的方法：

（一）認清自己的想法

有時候，問題的關鍵是我們的想法，而不是我們想什麼事情。人的自卑心理來源於心理上的一種消極的自我暗示，即「我不行」。正如哲學家斯賓諾莎所說：「由於痛苦而將自己看得太低，就是自卑。」這也就是我們平常說的自己看不起自己。悲觀者往往會有抑鬱的表現，他們的思維方式也是一樣的。所以，先要改變帶著墨鏡看問題的習慣，這樣才能看到事情明亮的一面。

（二）放鬆心情

努力地去放鬆心情，不要想不愉快的事情。或許你會發現事情真的沒有原來想的那麼嚴重，會有一種豁然開朗的感覺。

（三）幽默

學會用幽默的眼光看事情，輕鬆一笑，你會覺得，其實很多事情都很有趣。

（四）與樂觀的人交往

與樂觀的人交往，他們看問題的角度和方式，會在不知不覺中感染著你。

（五）嘗試一點改變

先做一點小的嘗試。比如換個髮型，畫個淡妝，買件以前不敢嘗試的比較時髦的衣服，看著鏡子中的自己，你會覺得心情大不一樣，原來，自己還有這樣的一面呢！

（六）尋求他人的幫助

尋求他人的幫助並不是無能的表現，有時候當局者迷，當我們在悲觀的泥潭中拔不出來的時候，可以讓別人幫忙分析一下，換一種思考方式，有時看到的東西就大不一樣。

（七）要增強信心

因為只有自己相信自己，樂觀向上，對前途充滿信心，並積極進取，才是消除自卑、促進成功的最有效的補償方法。悲觀者缺乏的，往往不是能力，而是自信。他們往往低估了自己的實力，認為自己做不來。記住一句話：你說行就行。事情擺在面前時，如果你的第一反應是我行，我能夠，那麼，你就會付出自己最大的努力去面對它。

同時，你知道這樣繼續下去的結果是那麼誘人，當你全心投入之後，最後你會發現你真的做到了；反之，如果認為自己不行，自己的行為就會受到這念頭的影響，從而失去太多本該珍惜的好機會，因為你一開始就認為自己不行，最終失敗了也會為自己找到合理的藉口：「瞧，當初我就是這麼想的，果然不出我所料！」

（八）正確認識自己

對過去的成績要作分析。自我評價不宜過高，要認識自己的缺點和弱點。充分認識自己的能力、素質和心理特點，要有實事求是的態度，不誇大自己的缺點，也不抹殺自己的長處，這樣才能確立恰當的追求目標。特別要注意對缺陷的彌補和優點的發揚，將自卑的壓力變為發揮優勢的動力，從自卑中超越。

當在現實中陷入困境後，不要從一個極端跳到另一個極端。切不可為了面子羞於求教，而要向老師、同學或同事虛心學習。

（九）客觀全面地看待事物

具有自卑心理的人，總是過多地看重自己不利和消極的一面，而看不到有利、積極的一面，缺乏客觀全面地分析事物的能力和信心。這就要求我們努力提高自己透過現象找本質的能力，客觀地分析對自己有利和不利的因素，尤其要看到自己的長處和潛力，而不是妄自嗟嘆、妄自菲薄。

（十）積極與人交往

不要總認為別人看不起你而離群索居。你自己瞧得起自己，別人也不會輕易小看你。能不能從良好的人際關係中得到激勵，關鍵還在自己。要有意識地在與周圍人的交往中，學習別人的長處，發揮自己的優點，多從群體活動中培養自己的能力，這樣可預防因孤陋寡聞，而產生的畏縮閃躲的自卑感。

（十一）在積極進取中彌補自身的不足

有自卑心理的人大都比較敏感，容易接受外界的消極暗示，從而愈發陷入自卑中，而不能自拔。如果能正確對待自身缺點，把壓力變成動力，奮發向上，就會獲得一定的成績，從而增強自信，擺脫自卑。

有個小男孩名叫湯姆．鄧普西。他生下來就只有半隻右腳，和一隻畸形的右手。但他父母親常會告訴他：「湯姆，其他男孩能做的事情，你都能做。為什麼不能呢？你沒有任何比別人差勁的地方，任何孩子可以做的事情，你一樣能做到！」

後來，湯姆要玩橄欖球。他發現自己比在一起玩的其他男孩，要踢得遠多了。為了能實現這個願望並發揮出這種能力，他找人為他訂做了一雙鞋子。

他參加了踢球測驗，並且得到了一份衛鋒隊的合約。但教練卻婉轉地告訴他：「你不具有做職業橄欖球員的條件，去試試其他的事業吧！」最後他申請進入新奧爾良聖徒隊，教練看他對自己充滿了信心，就抱著試試看的態度收了他。兩星期後，教練完全改變了想法，因為他在一次友誼賽中，因踢出五十五碼遠的好成績而得分，這使他獲得聖徒隊職業球員的身分，而且在那一季中，為他的球隊踢得了九十九分。

最偉大的一天到來了！那天球場上坐滿了六萬多球迷。球是在二十八碼線上，比賽只剩下幾分鐘，球隊把球已經推進到三十五碼線上，但是可以說根本就沒有時間了。「湯姆．鄧普西，進場踢球！」教練大聲說。當湯姆走進場的時候，他知道他的隊距離得分線有五十五碼遠，這也等於說他要踢出六十三碼遠。在正式比賽中踢得最遠的記錄是五十五碼，由巴爾第摩雄馬隊畢特．瑞奇查踢出來的。

湯姆閉上眼睛對自己說道：「我一定能行！」只見他全力踢在球身上，球筆直前進，但是踢得夠遠嗎？六萬多球迷屏氣觀看，然後看見終端得分線上的裁判舉起了雙手，表示得了三分。球在球門橫杆之上幾寸的地方越過，湯姆所在的球隊以十九比十七獲勝。球迷瘋狂呼叫，為踢得最遠的一球而興奮。「真是難以相信！」有人大聲叫道。這居然是由只有半隻右腳和一隻畸形手的球員踢出來的！但湯姆只微微一笑，他想起了父母，他們一直告訴他的是他能做什麼，而不是他不能做什麼。他之所以能創造出如此了不起的紀錄，正如他自己所說的：「我從來不知道我有什麼不能做的，也沒人這樣告訴過我！」

第六節　恐懼

演化論心理學家認為，人類向來就受過「威脅」的訓練，以害怕回應威脅是生存之道；也就是說，心存一點點恐懼有益健康。不過，渥太華大學心理系教授布拉德溫認為，害怕的心理加劇到某種程度或變質的時候，就變成病態了。

他說：「大多數人認為稀鬆平常的情況，你卻認為極端恐怖，這就叫做『不健全的焦慮症』；恐怖片裡面，劇中人連對鄰居講話都害怕的情況，即是如此。」

輕度恐懼有益健康

正常的恐懼心理，可以訓練我們應對真正的威脅。這點從野生動物的例子也可看出。馬里蘭州貝色斯達國立衛生研究所的研究員史渥米說：「不知天高地厚的小猴子看到蛇，目不轉睛地跟牠相互瞪眼，通常都活不長命；如果母猴教得好，凡事小心謹慎的小猴子，反而不容易早死。」

哈佛大學心理系主任卡林說：「養成凡事稍微害怕的心理，有個重要的作用：

教我們明白四周環境裡，有些東西必須十分注意、十分小心，這種本領是可以訓練的。」

密西根大學的中古史專家米勒出了一本書——《神祕的勇氣》，書中從歷史觀點闡述了畏懼心理，指出，勇氣其實是害怕的幻影，只不過被榮耀化了。

米勒研究了許多英勇武士的背景，結論是：剛猛不是正面的特性，而是負面的特性，缺乏自省能力的人才具備這種特性。他認為，大部分人都不是剛猛之士，也就是不勇敢、心存畏懼的普通人，只顧面對少許的可怕狀況，而不顧不顧一切地豁出去。

他說，面對的可怕狀況不致造成生命危險的話，我們反而認為具有娛樂效果呢！大多數我們喜歡的娛樂，不就是有一點點危險嗎？

拋棄怯懦

對於多數人尤其是怯懦者而言，與陌生人見面往往產生一些不自在的煩惱。其實，膽怯無關乎個性，而往往由於接觸的經驗不夠，進而排斥他人的情形居多。

一般說來，若能進行自我訓練，累積與他人相處的經驗，即使無法改變自己的個性，亦不致於以與他人接觸為苦。為加強自我的信心，不妨先做心理建設，常常提醒自己多接觸不尋常的人物，藉以改變自己的人生觀，以及增加人生樂趣。

一般人與陌生人會面時所以會感到不安，原因之一，便是覺得無話可說——找不出話題的約會的確令人乏味。其實，此種想法並不正確。與陌生人會面的恐懼心態，與第一次嘗試沒吃過的食物有點相似，大多基於自我保護的心態，所以絕不願多接觸素不相識的人。如此，又怎能瞭解與人相交的樂趣呢？事實上，因相見而遭受嚴重挫傷的情形畢竟少之又少，若是因噎廢食，讓自己過著封閉的人生，豈非得不償失？所以，放開膽子，與人交往，融入社會，這才是智者之舉。

其實，沒有人能夠完全擺脫怯懦和畏懼，最幸運的人，有時也不免有懦弱膽小、畏縮不前的心理狀態。但如果使它成為一種習慣，它就會成為情緒上的一種疾弊，它使人過於謹慎、小心翼翼、多慮、猶豫不決，在心中還沒有確定目標之時，已含有恐懼的意味，在稍有挫折時，便退縮不前，因而影響自我設計目標的完成。

第七節　逃避

許多研究心理健康的專家一致認為，適應能力良好的人或心理健康的人，能以「解決問題」的心態和行為面對挑戰，而不是逃避問題，怨天尤人。

然而，在現實生活中，能夠以正確的態度和行為面對挫折與挑戰，其實並非易事。我們可以看到周圍的不少人或因工作、事業中的挫折而苦惱抱怨，或因家庭、婚姻關係不和而心灰意冷，甚至有的因遭受重大打擊而產生輕生念頭，生命似乎是那麼脆弱。

其實，你再逃，又能逃到哪裡？

承擔責任贏得信任

人們在逃避指責時，經常會含糊其詞或者故意隱瞞關鍵問題，甚或乾脆靠撒謊來逃脫批評與懲罰。比如說，工作拖拉的人多半不會輕易承認：「我的報告交得遲，是因為我不喜歡做煩人的工作；我才不在乎我的延誤會不會對別人造成影響呢。我偷懶的時候，從來是只圖自己舒服的。」相反，他們常常會說：「我家裡出了一些事情。」或是其他一些誇大其詞的謊言。

編造藉口可以博取同情。一旦贏得了同情，那些工作拖拉的人們就能免受懲罰，並因此自鳴得意。但是，隨著編造藉口逐漸習慣成自然，撒謊的技巧漸趨熟練，也就積習難改了。養成為逃避公正的譴責而撒謊的習慣，等於做出了一個危險的選擇。踏上這條不歸路，你就很難再有其他的選擇了。如果你對事態的發展真的無能為力，大多數明白事理的人，是不會苛責你的。只有當一個人明知故犯並造成惡果時，人們才會對他進行譴責。

如果是這樣，你就應該為自己的行為負責。你做出決定，就理應承受相應的責備與讚揚。但是有時，人們在做決定時，確實會受到種種客觀情況的干擾：比如資訊不通、缺乏常識、時間緊迫或者精神不夠集中等等。所幸人類具有創造力，因此你有辦法逃避應當承擔的責任。當然，如果你真是無辜的，你經常能夠透過事實、證據和邏輯駁斥對你的指責。但是，如果你真的有責任，就應該接受別人的責備。不過，這樣做往往是有風險的。

如果你辜負了同事的信任，繼而若無其事地對他們撒謊，你們之間的關係就會遭到毀滅性的破壞。為了免受應得的責備，有些人會掩蓋真相、敷衍搪塞、編造藉口、無中生有、言不對題或者真真假假，閃爍其辭。這些欺騙伎倆並非總能奏效，但是其目的卻已昭然若揭：不過是想方設法逃避譴責與懲罰罷了。承認「我錯了」意義非常重大。因為人人都難免犯錯，所以大多數人都能原諒別人的過失。勇於承認自己的錯誤，可以提高一個人的信譽，並且有助於自我完善。

面對挑戰才是真正的年輕

一次坐公共汽車，半途上來一位頭髮斑白的老人，但身子骨看起來還很硬朗。我站了起來，打算把座位讓給他，這時老人輕輕地在我肩上拍了兩下：「小夥子，謝謝了。我覺得自己還不算老。」說完，對我笑了。

我心裡一震。他是第一個拒絕我讓座的人，這「異常」行為多少使我有些驚愕。我開始由衷地敬佩起這位老人。但和這一次不同，後來在乘車時多次遇到這樣的情況：坐在車壁上寫著「博愛座」的「特殊座位」上的年輕人，也許他們看見了那幾個醒目的紅字，看到了老人上車卻絲毫不打算讓位，或許他們心裡明白，自己正是更需要這個座位的「老人」？

其實，這簡單的讓座行為，已絕非僅僅是一個人的道德、素質問題了。人的心理年齡在左右著自己的行為：當他的心「老得連路都走不動」時，他已經對周圍的一切漠不關心、視若無睹了，這樣的人才是真正的「老」了。

老人中途下車了，臨走時，他留給我一個謝意的微笑，在我眼中，那更是一個不老的微笑。

有時候一路人生真的就像坐一程車。要經受各種未知的顛簸，有人能從容自信地欣賞到窗外的風景，懷著激情享受和駕馭生活；而有人即使是安穩地坐在座位上，卻也看不到眼前稍縱即逝的美景，因為他們根本就沒有更多的精力和情感，去擁抱這個世界，這顆「枯竭乾涸、老去的心「已經無法面對艱難。能否擁有自己人生的美景，不在於道路是否平坦，更不在於年齡的高低，而在於你是否「以年輕的心面對人生的挑戰」。

第八節　逆反

「逆反心理」一詞在近幾年廣泛流行，引起了人們的普遍關注。提到逆反心理，每個人都可以舉出不少例子。比如：對於先進人物的宣傳，人們的反應不僅冷淡、反感，甚至貶低宣傳及宣傳者；當見到商品廣告出現「價廉物美」字眼時，很多人的第一反應是「這種商品的品質肯定是次等的」；還有人說：「我一見到他就反感，一聽到他講話就不舒服」——凡此種種，都是逆反心理的表現。

究竟逆反心理的本質是什麼，目前爭議很大，可謂仁者見仁，智者見智。在各種關於逆反心理的說法中，《心理學大詞典》的解釋基本上把它的本質屬性揭示了出來，是比較規範的：「逆反心理是客觀環境與主體需要不相符合時，產生的一種心理活動，具有強烈的抵觸情緒。」

逆反心理的正效應

孩子的逆反心理始終被認為有礙兒童身心健康。其實，逆反心理並非一無是處，它雖有妨礙孩子身心發展的一面，但也有很多正效應。

首先，產生逆反心理是幼稚教育弊端的曝光。當前，幼稚教育在方式、方法上存在許多問題。比如，許多年輕的父母不瞭解兒童年齡特點和身心發展水準，對他們提出的要求過高，讓兒童承受的學習任務過重；不知道兒童具有多方面發展的潛能和資質，具有多方面的興趣和愛好，為孩子過早定論，強制兒童過早地從事長時間的專業訓練。

也有些父母脾氣暴躁，動輒打、罰跪、罰站甚至逐之門外；還有一些父母卻相反，視自己的孩子為「太陽」，一切以孩子為中心，百依百順，本來孩子可以獨自很好完成的任務，父母卻要嘮叨半天，甚至包辦代替等等。孩子產生逆反心理，可以說正是這些教育弊端造成的。教養方式和手段違背孩子的天性，自然會引起孩子的抵觸、對抗和逆反心理。可見，孩子逆反心理的形成「事出有因」，它在一定程度上，敦促人們對幼稚教育做出改進。

其次，逆反心理包含有許多積極的心理品質。兒童產生逆反心理，是其天性的自然流露。它從另一方面反映了兒童自我意識強，好勝心強，勇敢，有闖勁，能求異，能創新。現代社會充滿競爭，迫切需要具有創造性思維、能開拓、能進取的人才。因此，父母要善於發現逆反心理中的創造性品質和開拓意識，並合理引導。只要引導得當，逆反心理是能夠在現代社會發揮積極作用的。

再次，逆反心理在某種程度上，能防止其他一些不良的心理品質的形成。逆反心理強的孩子，在不順心的情況下，在憤悶、壓抑、不滿的時候，敢於發洩，他們不會讓不愉快的事情長期滯留心中，他們以這種形式保持心理平衡，有時也能有著維持身心健康的作用。

因此，父母應善於發現逆反心理中的積極因素，並善加利用，而不應在孩子有逆反心理的時候，一味抱怨、惱火，甚至對孩子實行高壓政策。

「逆」什麼「反」什麼

青少年歷來都受到心理學家、教育學家及家長的特殊關注。從十二、三歲到十七、八歲，是孩子生理上基本成熟，認識和情感有了飛速的發展，理想、信念、世界觀開始形成的重要時期。在這個階段，由於生理成熟與心理成熟的不平衡性，受自我意識覺醒等因素的影響，青少年心理發展呈現錯綜複雜、矛盾重重的局面，逆反心理的表現十分突出。青少年多數具有強烈的好奇心，受好奇心的驅使，他們喜歡新事物和新知識。

心理學研究顯示，好奇心過強能形成一種特殊的心理需要，這種心理上的認知需要，可以轉化為學習活動的動機，誘發學習興趣，促使和推動學習者去探索有關的事物和認知資訊。青少年在學習中表現出來的不迷信、不盲從，具有較強的求知慾和探索精神，正是他們好奇心的具體表現。

一般說來，人們對於越是得不到的東西，越想得到，越是不能接觸的東西，越想接觸，這就是所謂「禁果逆反」。我們有些老師、家長禁止青少年做某事，卻又不說明為什麼不能做的理由，結果適得其反，使「不要吸煙」、「不要早戀」之類禁令達不到應有的預期效果；對於被禁止、批判的電影、文學作品、理論文章，卻懷著極大興趣去觀看、查閱。「被禁的果子是甜的」，好奇心驅使青少年有時甘冒受懲罰的風險，去嘗也許並不甜的「禁果」。

在教育過程中，許多教育者和家長都希望透過先進人物的感人事跡，來教育感染青少年，喚起他們的熱情，以期達到激勵後進的目的。但結果卻往往適得其反。先進人物被說成是沽名釣譽的「投機家」或「傻子」，有些人無端懷疑這些先進人物的動機，進而否定他們的先進事跡。對於身邊的榜樣，則冠以「拍馬屁」給予排斥和嘲笑。

在一些青少年當中，打架鬥毆被看作是有膽量；與老師、主任公開對抗被視為有本事；哥們義氣等不良的行為傾向，卻贏得了很多人的認同。而樂於助人、愛護群體、愛護公物、遵守校規校紀的青少年，則被肆意諷刺、挖苦，造成在群體氛圍裡好人好事無人誇，不良傾向有市場，正不壓邪的局面。

有逆反心理的青少年，對於思想政治教育十分冷淡，認為思想政治教育大而空、形式化，不符合青少年的現實生活，對思想教育、遵章守紀要求有著消極的抵抗心理。因此，對思想政治教育採取應付、抵制、消極對抗的態度。

叛逆的學生

「逆反心理」是人對某類事物產生了厭惡、反感的情緒，做出與該事物發展背道而馳的行動的一種心理狀態。學生的「逆反心理」是一種消極的抵抗心理，這種心理一旦產生，就會形成一種固定的思維模式，對教師的教育乃至所有的言行，都持否定的態度，使教育達不到預期的效果。而且，久而久之還可能導致矛盾激化。

因此，教師一旦發現了學生對自己形成了「逆反心理」，應及時採取措施，予以疏導。

有一段時間，一向學習認真的汪鋒同學上課總是分神，作業也馬馬虎虎。老師找他談話，他也是一副不予理睬的模樣。向其他同學瞭解情況後才知，原來是因為有一次上課點他回答問題，他沒答上來，老師在班上嚴厲批評了他，因為那個問題是老師上堂課反複強調過的。而他上堂課由於生病請假沒上。批評使他感到委屈，傷害了他的自尊心。知道了癥結所在，老師便主動檢討了自己的錯誤，並將他未聽到的課給他重講了一遍。很快，他又恢復到以前的良好心理狀態，並成了老師的「朋友」。

第九節　嫉妒

嫉妒是痛苦的製造者，在各種心理問題中，是對人傷害最嚴重的，可以稱得上是心靈上的惡性腫瘤。如果一個人缺乏正確的競爭心理，只關注別人的成績，嫉妒他人，同時內心產生嚴重的怨恨，時間一久，心中的壓抑聚積就會形成問題心理，對健康也會造成極大傷害。

嫉妒心理的調適

結合每一個人的實際情況，有意識地提高自己的思想修養水準，是消除和化解嫉妒心理的直接對策。

伯特蘭·羅素是二十世紀聲譽卓著、影響深遠的思想家之一，一九五〇年諾貝爾文學獎得主。他在其《快樂哲學》一書中談到嫉妒時說：「嫉妒儘管是一種罪惡，它的作用儘管可怕，但並非完全是一個惡魔。它的一部分是一種英雄式的痛苦的表現：人們在黑夜裡盲目地摸索，也許走向一個更好的歸宿，也許只是走向死亡與毀滅。要擺脫這種絕望，尋找康莊大道，文明人必須像他已經擴展了他的大腦一樣，擴展他的心胸。他必須學會超越自我，在超越自我的過程中，學得像宇宙萬物那樣逍遙自在。」

（一）自我宣洩

有時面對生活和事業上的巨大落差，或社會的種種不公正現象，人們都難免一時的心理失衡和嫉妒。這時，要是實在無法化解的話，也可以適當的宣洩一下。可以找一個較知心的親友，痛痛快快地說個夠，出氣解恨，暫求心理的平衡，然後由親友適時地進行一番開導。發洩完以後，你可能就會覺得好受許多。當然，這種方式並不能最終解決嫉妒心理，還需要其他方面的調整。

（二）樹立正確的人生觀

要胸懷大度，寬厚待人。和我們自己一樣，每個人都有成功的渴望。我們在自己獲得成功時，一定也要尊重別人的成績和才華。

（三）正確評價競爭

如今社會上競爭無處不在。當看到別人在某些方面超過自己的時候，不要盯著別人的成績怨恨，更不要企圖把別人拉下馬，而應採取正當的策略和手段，在「拚」

字上狠下功夫。

（四）正確評價成功

有了關於成功的正確價值觀，就能在別人有成績時，會肯定別人的成績，並且虛心向對方學習，迎頭趕上，以靠自己努力得來的成功為榮。採取正確的比較方法，將人之長比己之短，而不是以己之長比人之短。發現不足，迎頭趕上。

（五）正確評價他人的成績

嫉妒心往往是由於誤解所引起的，即人家取得了成就，便誤以為是對自己的否定。其實，一個人的成功是付出了許多的艱辛和巨大的代價的，人們給予他讚美、榮譽，並沒有損害你，也沒有妨礙你去獲取成功。

（六）提高心理健康水準

心理健康的人，總是胸懷寬闊，做人做事光明磊落。而心胸狹窄的人，才容易產生嫉妒。虛榮心是嫉妒產生的重要根源。虛榮心是一種扭曲了的自尊心。自尊心追求的是真實的榮譽，而虛榮心追求的是虛假的榮譽。對於嫉妒心理來說，它的要面子，不願意別人超過自己，以貶低別人來抬高自己，正是一種虛榮，一種空虛心理的需要。所以，克服一分虛榮心就少一分嫉妒。嫉妒心一經產生，就要立即把它打消掉，以免其作祟。這種方法，需要靠積極的進取，使生活充實起來，以期獲得成功。

（七）能客觀評價自己

嫉妒是一種突出自我的表現。無論什麼事，首先考慮到的是自身的得失，因而引起一系列的不良後果。所以當嫉妒心理萌發時，或是有一定表現時，要能夠積極主動地調整自己的意識和行動，從而控制自己的動機和感情。這就需要冷靜地分析自己的想法和行為，同時客觀地評價一下自己，找出一定的差距和問題。當認清了自己後，再重新看別人，自然也就能夠有所覺悟了。

（八）尋找真正的快樂

我們要善於從生活中，尋找真正的快樂。如果一個人總是想：比起別人可能得到的歡樂，我的那一點快樂算得了什麼呢？那麼，他就會永遠陷於痛苦之中，陷於嫉妒之中。如果我們能從幫助別人中，從娛樂休閒中，從自然美景中，從甜蜜愛情中，從家庭溫暖中找到快樂的話，就不會把傷害別人所得到的那點暫時的滿足，看得那麼重要了。

幫助別人成功是一個比較高的要求，並非所有的人都能做到這一點。但我們都希望自己的心靈能獲得昇華。這也是人的一種需要。歷史上有很多偉人和許多雖然平凡卻十分高尚的人，為我們做出了榜樣。

十九世紀初，蕭邦從波蘭流亡到巴黎。當時匈牙利鋼琴家李斯特已蜚聲樂壇，而蕭邦還是一個默默無聞的小人物。然而李斯特對蕭邦的才華卻深為讚賞。怎樣才能使蕭邦在觀眾面前贏得聲譽呢？李斯特想了妙法：那時候在鋼琴演奏時，往往要把劇場的燈熄滅，一片黑暗，以便使觀眾能夠聚精會神地聽演奏。李斯特坐在鋼琴面前，當燈一滅，就悄悄地讓蕭邦過來代替自己演奏。觀眾被美妙的鋼琴演奏征服了。演奏完畢，燈亮了。人們既為出現了這位鋼琴演奏的新星而高興，又對李斯特推薦新秀深表欽佩。

（九）學會放棄

有時候，別人的成功是基於自己的特色或長處的，而我們在這方面是不擅長的，這時，我們要學會欣賞別人的長處，而不是非要跟他一樣。

心理學家的觀察研究證明，嫉妒心強烈的人易患心臟病，而且死亡率也高；而嫉妒心較少的人群，心臟病的發病率和死亡率均明顯低於其他人，只有前者的三分之一至二分之一。此外，如頭痛、胃痛、高血壓等，易發生於嫉妒心強的人，並且藥物的治療效果也比較差。所以我們一定要放寬心胸，不要和別人，更別和自己過不去。

測試題：你的嫉妒心重嗎？

測測你的嫉妒心：對下列問題回答「是」或「否」。

- 我經常將自己和別人比較。
- 我覺得別人的成就，才幹，或長相沒什麼了不起的。
- 當別人遭受挫折時，我有一種幸災樂禍的感覺。
- 別人的成功會讓我想起自己很不幸。
- 如果我不喜歡某件事物，我會努力說服別人也跟我持一樣的觀點。
- 我渴望打敗那些成功人士。
- 我認為生活是一場競賽，我想要衝上最高點。
- 看到別人的成功，我很惱火我自己。
- 我有時採取一些方式阻礙別人獲得成功。
- 我從來不覺得滿足。

- 我希望比別人擁有更多。
- 我會多方收集對自己有利的資訊。
- 我會因為不如別人感到痛苦。
- 我覺得我不是一個善於嫉妒的人。

如果有十個或以上的「是」，說明你確實是一個嫉妒心理較重的人，需要注意調適。

第十節　報復

報復是人性中一處扭曲的心理死結。它很像潛藏的癌細胞，當人能控制它時，也許並沒有什麼危害，但一旦它超過了正常的心理比例，就會給人造成傷害。

該不該教孩子「以牙還牙」？

有人問我：「我的兒子三歲了。是個老實的孩子，在外面常受到別的小朋友欺負，有時手或臉還被抓破了。遇到這種情況，家長應該怎麼辦？」

我回答道：「小孩子之間打打鬧鬧，發生碰撞是常有的事。今天你打了我，明天我打了你，後天也許兩人又和好如初了。孩子之間的矛盾，來得快，去得也快，家長不必看得那麼嚴重。」

但是，如果自己的孩子生性老實，總在外面挨欺負，三天兩頭「掛彩」回來，恐怕哪位家長都受不了。怎麼辦呢？

我們的傳統教育中，一般是不讓孩子對欺犯行為做出反應。「打不還手，罵不還口」、「惹不起，還躲不起」堪稱是這種教育的「經典」。家長千方百計讓孩子避開來自外界的「威脅」，而不是教育孩子如何正確面對外來的侵犯，學會保護自己。惹急了，也就是帶著孩子找對方家長，卻不告訴孩子自己應該怎麼解決。

以後碰到類似的情況，孩子還是不知所措，要嘛怕「報復」，忍氣吞聲；要嘛大哭不止，仍舊找家長「告狀」。這樣長此以往，受欺負的一方過分忍讓，不僅助長了對方的攻擊行為，讓霸道的更加「有恃無恐」，也會在受欺負的孩子心裡埋下陰影。這種孩子會變得越來越膽小怕事，對自己沒信心，易屈服於外界的壓力。有的甚至會影響一生的發展。

孩子總是要長大的，要獨立面對來自生活各個方面的衝擊，與其家長像老母雞一樣，總是把孩子護得緊緊的，不如把自護本領早一點交給孩子。這個自護本領就是，讓孩子在學會保護自己的前提下，獨立面對外來的各種挑戰，應付各種問題，尋找最佳的解決問題的方法。

家長可以這樣告訴孩子：我們首先不欺負人，尤其不能欺負比自己弱的人。如果別人欺負你，你可以躲過，也可以和他面對面講理，甚至還手抵抗，總之，你不要受到傷害。這世界上有正義，也有權利，每個人都應該有勇氣維護它，捍衛它，哪怕被碰得頭破血流。在外來侵犯面前，退讓是怯懦的表現，是不勇敢；只會嚎啕大哭，聽任拳頭落在自己頭上，是愚蠢。

對一般孩子尤其是生性老實的孩子，家長平時應注意孩子自我保護能力的教育。除了給孩子講如何對待別人的欺負及怎樣處理外，還要鼓勵孩子多和別的小朋友接觸，在遊戲中，建立與他人相處的信心。

有的孩子害怕與陌生人打交道，在群體生活中也表現得內向、畏縮，家長和老師要注意糾正孩子的這些不足，創造條件，使他們多接觸人，接觸新鮮事物。培養孩子活潑開朗的性格和勇於表達、敢於據理力爭的勇氣。

講這些，並不是要把孩子培養成頭上長角、身上長刺，誰也不能碰一下的「小霸王」，而是糾正許多家長兩種不正確的做法。

（一）保護型

一看自己的孩子挨打了，就再也不讓孩子出去了，生怕孩子在外面吃虧：「你出去又打不過人家，還是在家待著吧。」這類家長也不讓別的孩子到家裡來玩，怕人多又打架。

（二）攻擊型

知道孩子挨打後，不管怎麼回事，首先的反應就是「這還得了，找他們家長去」，或者就乾脆告訴孩子：「他打你，你也打他！」有的甚至全家一齊出動，給孩子壯膽。

「保護型」家長的做法：由於過分限制了孩子的行動，將會使孩子變得不合群，對外人充滿敵意，也會變得膽小怕事，缺乏交際能力。

「攻擊型」家長的做法：會使孩子養成「報復」心理，不管是誰，只要「觸犯」了我，都要給予回擊，「以牙還牙」，絕不手軟。

這兩種家長的做法都不足取，只能使孩子走上兩個極端，要嘛很怕事，要嘛很霸道。

（三）我們主張「理智型」的做法

「理智型」家長的做法：先問清事情的來龍去脈，公正客觀地幫助孩子進行分析，在這件事上，誰做得好，誰做得不好，告訴孩子以後再碰到類似事件應該如何解決。

在批評別的孩子的缺點同時，也要給自己孩子指出在這一事件中的責任，不要把埋怨都傾洩在別的孩子身上。即使發生矛盾的主要責任在對方，也要讓孩子學會寬容，大度，不耿耿於懷。

要讓孩子知道，有時為了顯示自己的力量，為了保護自己不受傷害，對來自外界的欺辱侵犯予以回擊是必要的。

有時為了保持人與人之間的純真友情，相互理解，相互原諒也是應該的。

現代的獨生子女家庭，恐怕孩子在每一位家長的心目中，都是「至高無上」的，誰也不希望自己的孩子成為「受氣包」，誰也不希望自己的孩子成為「打架大王」。如何對孩子進行教育，怎樣讓孩子掌握好這個尺度，就顯得尤為重要。

第十一節　挫折

人的一生中，需要經歷許許多多的挫折。有的人遇到挫折就害怕了，就灰心了，就被那一張嚇人的面孔嚇退了；有的人卻能不畏失敗，知難而進，經過努力而站在成功的終點線上。於是，一種人在消極中墮落，脆弱得經不起考驗；另一種人在積極中奮進，堅強地面對所有的挫折，最後戰勝挫折。

不是太陽在墜落

有一天，一個悲觀主義者和一個樂觀主義者一起在黃昏的路上散步。悲觀主義者觸景生情地說：太陽正在墜落；樂觀主義者則說：群星正在升起。看來，同樣一件事，心態不同，情感不一，會得出兩個不同的結果。

生活中，我們時常會看到這樣一種情況，有的人即使受到沈重打擊，也能笑對生活，勇敢地生活下去，最後成就一番事業。而有的人一遇挫折和困難，就灰心喪氣、怨天尤人，陷人痛苦的泥潭而不能自拔，甚至自暴自棄。

美國總統富蘭克林．羅斯福，是一位才華出眾而又對生活極其樂觀的人。三十九歲那年，一場疾病幾乎毀了他的事業，但他並沒有因為疾病造成的雙腿癱瘓自卑沈淪，而是以樂觀笑對人生，以殘疾之身重返政壇。一九三二年，羅斯福在總統競選中獲勝，並連任四屆，成為美國歷史上任期最長的總統，和美國人心中最偉大的總統之一。

《鋼鐵是怎樣煉成的》作者奧斯特洛夫斯基、偉大的音樂家貝多芬，都是在遭受意外傷殘後仍然能夠笑看人生，樂觀向上，為著自己的事業，為著心中的夢想而矢志不渝，譜寫了蔚為壯觀的人生篇章，成為人們學習的榜樣。

古人「自古雄才多磨難，從來紈袴無偉男」說的是一個人要獲得成功，成就一番事業，都必須經歷千辛萬苦，戰勝艱難困苦，不斷地摔打和磨練自己的堅強意志和頑強毅力。

人的身上蘊藏著一種潛在的力量，這種潛在的力量是巨大的，只是人們尚未去挖掘。一位外國作曲家在與人談起創作感想時說：「一磅鐵只值幾文錢，可是經過錘煉之後可製成幾千根鐘錶發條，價值累萬。音樂創作的價值就在於此。」這就告訴我們，鐵可百煉成鋼，人也可百鍊成才。常言說：「寶劍鋒從磨礪出，梅花香自苦寒來」。消沈，是人生之大忌；奮發，才是進步之益友。古人尚有「頭懸梁錐刺股」、「鑿壁借光」的意志和毅力，何況今人？

樂觀是一個人的重要心理品質。研究顯示，樂觀的生活態度將會使人過得更愉快、更健康，而且在事業上更為成功。相反，悲觀則使人意志消沈、萎靡不振、抑鬱孤獨。所以，只有對人生持積極態度又敢於和世俗挑戰的人，勇於壓倒一切困難的人，敢於和命運抗爭的人，才能永遠在生活中抱樂觀態度。

魔力暗示

科學家研究指出：人是唯一能接受暗示的動物。

暗示，是指人或環境以不明顯的方式，向人體發出某種信息，個體無意中受到了外在的影響，並做出相應行動的心理現象。暗示是一種被主觀意願肯定了的假設，不一定有根據，但由於主觀上已經肯定了它的存在，心理上便竭力趨於肯定的結果。

舉兩個實例。某人到醫院就診，訴說身體如何難受，而且身體日漸消瘦，精神日見頹喪，百藥無效，醫生檢查，發現此人患的是「疑病症」。後來，一位心理醫生接受了他的求治。醫生對他說：「你患的是某某綜合症。正巧，目前剛試驗成功一種特效藥，專治你這種病症，注射一支，保證三天康復。」打針三天後，求治者果然一身舒爽出院了。其實，所謂「特效藥」，不過是極普通的葡萄糖，真正治好病的，是醫生語言的暗示作用。

二次世界大戰時，納粹在一個戰俘身上做了一個殘酷的實驗：將戰俘四肢捆綁，蒙上雙眼，搬動器械，告訴戰俘：現在對你進行抽血！被蒙上雙眼的戰俘只聽到血滴進器皿的嗒嗒聲。戰俘哀號一陣之後氣絕而終。其實，納粹並沒有抽該戰俘的血，滴血之聲乃是模擬的自來水聲。導致戰俘死亡的，是「抽血」的暗示：耳聽血滴之聲，想著血液行將流盡——死亡的恐懼，瞬時導致腎上腺素急劇分泌，心血管發生障礙，心功能衰竭。

一正一反兩個例子，足以證明「暗示」的魔力。

處在競爭激烈的時代，人們面臨的心理問題對自身的威脅，將遠遠大於生理疾病的威脅。善於調適心理的人，如同善於增減衣服以適應氣候變化一樣，能獲得舒適的生存；而不善於調適者，卻長久走不出煩惱的怪圈，極容易接受消極與虛妄的心理暗示。

醫治心病，最重要的莫過於自療。正如人們越來越看重身體鍛鍊一樣，時時注意自身的心理鍛鍊，使自己擁有一個健康的心理，比擁有一個健康的體魄更為重要。生活中我們不難看到，許多身有殘疾乃至身患絕症者，活得積極樂觀；而許多身體狀況正常者，卻活得無聊無趣終日煩惱，進而或怨天尤人、自暴自棄，或自囿於現實世界之外的幻想世界以自慰。

同有半杯水，消極者說：「我只剩下了半杯水。」積極者說：「我還有半杯水！」同樣擁有，卻有兩種截然不同的人生態度與價值判斷，也是兩種截然不同的自我心理暗示。

第十二節　浮躁

浮躁是一種衝動性、情緒性、盲動性相交織的社會心理，它與艱苦創業、腳踏實地、勵精圖治、公平競爭是相對立的。在這個瞬息萬變的物質世界中，其實人人都可能有過浮躁的心理，但是這也許只是一個念頭而已。一念之後，人們還是該做什麼就做什麼，不會迷失了方向。然而，當浮躁使人失去對自我的準確定位，使人隨波逐流、盲目行動時，就會對家人、朋友甚至社會帶來一定的危害。

告別浮躁

生活中，我們經常看到一些人做事缺少恒心，見異思遷，急功近利，不安分守己，總想投機取巧，成天無所事事，脾氣大。面對急劇變化的社會，他們不知所為，對前途毫無信心，心神不寧，焦躁不安。由於焦躁不安，情緒取代理智，使得行動具有盲目性，行動之前缺乏思考，只要能賺到錢，違法亂紀的事情都會去做。

為什麼熬過了那段吃不飽穿不暖的日子，到了不用再去擔心溫飽問題，可以逛街、可以上館子，甚至可以住漂亮的房子，可以開豪華的車子的年代，人們的心卻漸漸地躁動不安了呢？

也許是現在真的不比從前了。社會變革對原有結構、制度的衝擊太大，一些原有體制正在解體或成為改革的對象，而新的制度相對又尚未建立起來。在這種情況下，人們很難對自己的行為進行預測，很難把握自己的未來。同時，伴隨著社會轉型期的社會利益與結構的大調整，有可能使一部分原來在社會中處於優勢的人「每況愈下」，而原來在社會中處於劣勢的人，反而佔據了優勢。每個人都面臨著一個在社會結構中重新定位的問題，即使是千萬富翁，也不能保證他永遠揮灑自如。那些處於社會中游狀態的人更是患得患失，戰戰兢兢，在上流與下游兩個端點間做文章，於是，心神不寧，焦躁不安，迫不及待，就不可避免地成為一種社會心態。

也有人在風雲變幻中依然泰然自若，氣定神閒。而另外一些人，卻總是在與他人的攀比中心神不寧。他們漸漸覺出了自己對社會生存環境的不適應，從而對自己生存狀態不滿意，於是過分的慾望油然而生。在拜金主義、享樂主義、投機主義所蕩滌的躁動化的社會心態驅使下，不少人只有一個目標：為金錢而奮鬥。但奮鬥又缺乏恆心與務實精神，缺乏對自己的智力與發展能力的準確定位，因而使人顯得異常脆弱、敏感、冒險，稍有「誘惑」就會盲從。

怎樣才能讓躁動的心安靜？

在攀比時要知己知彼。「有比較才有鑒別」，比較是人獲得自我認識的重要方式，然而比較要得法，即「知己知彼」，知己又知彼才能知道是否具有可比性。例如，相比的兩人能力、知識、技能、投入是否一樣，否則就無法比較。知己知彼，人的心理失衡現象就會大大減低，也就不會產生那些心神不寧、無所適從的感覺。

開拓當中要有務實精神。改革需要有開拓、創新、競爭的意識，但是也要有持之以恆、任勞任怨的務實精神。務實就是實事求是，不自以為是的精神，是開拓的基礎。

告別浮躁，從容不迫地迎接每一輪太陽的升起！

第十三節　完美主義

追求完美在某種意義上來説，是一個優秀的品質，但是如果對己、對人，對周圍的一切事物都要求盡善盡美的話，就脫離了現實，容易引發心理問題。

完美主義者的表現

小趙是一位性格內向、自尊心極強的青年。從小學到大學，他學習成績一直名列前茅。進入職場以後，他工作認真努力，積極進取，時常加班，希望給主管、同事留下好的印象。事實上大家也都很認可他的努力。可是每次完成任務以後，他卻總發現自己有很多不完善的地方，或細節上的疏漏，或考慮上得不周——這些「過失」像電影中的鏡頭，在他腦海中一遍遍掠過，讓他深深地自責。他害怕時間久了以後，大家發現自己的工作其實做得不完美，越是這樣，越發緊張，再接到工作以後，他就想做得再完美一點，努力加班地做，但老是達不到他的要求，弄得他整天焦慮不安，工作效率反而下降了。

像小趙這樣的情況，在很多人身上都表現過，這是典型的完美主義的心理在作怪。

完美主義者通常有以下的表現：

（一）對自己要求苛刻：因為你的內向和高標準，一件做得很出色的事情，也不能令你滿意，且常歸咎於自己，因而你常常自慚形穢。

（二）對他人要求嚴格，挑剔，不留情面：如果完美主義者是一個老闆的話，他絕對是一個難伺候的老闆。他在挑剔自己的同時，也會讓周圍的下屬感到一種壓力，因為他對下屬的要求，必定也十分嚴格。

（三）善於發現問題：完美主義者更容易注意到一些小的細節問題，並力求改進。他們喜歡尋根問底，不會只滿足於看到事物的表象，能發現別人發現不了的問題，並能找到根本的解決辦法。

（四）固執己見：完美主義者容易堅持自己的標準，認為別人的標準太過寬鬆；他們也容易堅持自己的想法，不顧他人的意見。

（五）自律性很強、意志堅定：一旦預見到將來的結果，就會一絲不苟、心無旁騖地去做。他們有長遠目標，也只喜歡做與長遠密切相關的事。

（六）控制慾望強，喜歡發號施令：完美主義者希望事情都能按他所設想的走下去，達到他的目的。我的一個朋友抱怨她的丈夫，做什麼事都要按照他的時間表，包括做愛。

（七）常常感到焦慮，緊張，不滿。

（八）完美主義者易患潔癖等強迫症。

完美主義心理的調適

接受不完美的現實　沒有十全十美的人，沒有十全十美的事，這就是客觀現實，不要逃避，要接受。

（一）放鬆對自己的要求

比如你很希望別人能證明你的能力，但因為每次別人讚揚的都會遭到你的反對，別人也就再沒興趣了。那麼，記住，當別人讚揚你的時候，說聲「謝謝」。

另外，完美主義者對計劃、秩序、組織有特別的需要。但你切記別過了頭，最好把這個本領用在工作上。如果開始任何事之前，你都需要一個完善的計劃才行動，你就會一事無成，因為多數事情都沒有完美的答案，或者是當你開始做了之後，才知道什麼是最合適的。如果交給你一件不限時間的工作，你會完成一件精品和傑作，但有緊急事情，別人可能不太放心交給你做。

人們常說「嚴以律己，寬以待人」，而許多時候，我們也需要寬以待己，一個寬容大度的人，不僅容易原諒別人的缺點和過失，也應該為自己營造寬鬆的心理環境。

（二）增強自信

做為一個悲觀的完善主義者，你是最不容易看到自己優點的人，其實，你具備很多很多優點。

（三）改變認知　即使做錯事也沒什麼。

（四）寬以待人

完美主義者是仔細周到的人，但是，你要小心，不要總是指出別人的錯誤，讓別人反感或緊張。也不要因為別人做事不合你的要求而大包大攬，尤其是對你的孩子。你喜歡乾淨整潔，但是小心不要讓家人和朋友在你的家裡，感到待在哪兒都不合適。

如果你把發現問題的敏感度，用在發現自己的缺點和別人對你的態度上，你就容易受傷，因為你以為人人都會像你那樣三思而後行。比如，有一個辦事隨隨便便，說過的事情轉身就忘的人，說過請你吃飯之後就沒下文了，你會深深地受到傷害，因為，你可能精心地為這次赴宴準備好了禮物。另外，生悶氣的習慣，對你的身體沒好處。

PART 2
發現自己的人格缺陷

第十四節　自私

人的本性是自私的嗎?這是一個中學生向老師提出的問題。

老師當時並沒有直接回答，而是反問了一個問題：「你的本性是否是自私的呢?」

這個學生認真地思考了這個問題，他說：「我有時有自私的表現，有時有無私的表現。我到底是自私的還是無私的呢?」他感到困惑，同學們展開了討論，大家在討論中都想起了自己有過無私幫助別人的行為，最後大家得出了這樣一個結論：「自私是人類的一種正常表現，每個人都有自私的時候。但無私幫助別人，也是人的正常心理活動，甚至每個人也都有過無私幫助別人的時候。所以不能說『自私是人的本性』。」

給予是快樂的

保羅在聖誕節前夕收到了一輛新轎車，是他哥哥送給他的聖誕禮物。聖誕前夜，他從辦公室裡出來，看見一個小淘氣正在看他的新車，小男孩問道：「先生，這是你的車嗎？」

保羅點點頭，「我哥哥送給我的聖誕禮物。」小男孩吃驚地瞪大了眼睛，「你是說這車是你哥哥白白送給你的，你一分錢都沒花？天啊！我希望……」他猶豫了一下。

保羅想，這個小男孩會希望他也有一個這樣的哥哥。但是那小男孩接下去說的話，卻讓他對這小男孩刮目相看。

「我希望，」小男孩接著說：「我將來能像你哥那樣。」

保羅吃驚地看著這個小男孩，不由自主地問了一句：「你願意坐上我的車兜一圈嗎？」

「當然，我非常願意。」

車開了一段路，小男孩轉過身來，眼裡閃著亮光，說道：「先生，你能把車開到我家門口嗎？」

保羅笑了，這回他想，他知道這小男孩想幹什麼，這小男孩想在鄰居們面前，炫耀一下他是坐新轎車回家的。但是保羅又錯了。小男孩請求他：「你能把車停到那兩個台階那兒嗎？」

車停後，小男孩順著台階跑進了屋，不一會兒，保羅看到小男孩又返回來了，不過，這次他回來很快。他背著他腳有殘疾的弟弟，把弟弟放在最下面的台階上，然後扶著弟弟，指著車說：「夥計，看那新車，是不是跟我在樓上告訴你的一樣。他哥哥送給他的聖誕禮物，他一分錢也沒花，你等著，有一天我也會送你一輛車。那樣，你就可以坐在車裡，親眼看一看聖誕節商店櫥窗裡的那些好東西！」

保羅下了車，把那個小男孩抱進了車裡，那位小哥哥也坐進了車裡，他們三個人一起度過了一個難忘的夜晚。

從那天起，保羅真正懂得了「給予是快樂的」這句話。

第十五節　貪婪

「貪」的本義指愛財，「婪」的本義指愛食，「貪婪」指貪得無厭，意即對與自己的力量不相稱的某一目標過份的欲求。與正常的慾望相比，貪婪沒有滿足的時候，反而是愈滿足，胃口就越大。」古人用貪冒、貪鄙、貪墨，來形容那些貪圖錢財、慾望過分的行為，認為是不潔、不乾淨、不知足的。老百姓用貪官污吏、碩鼠、蛀蟲，來諷刺那些貪得無厭的人。

不再貪婪

貪婪並非遺傳所致，是個人在後天社會環境中，受病態文化的影響，形成自私、攫取、不滿足的價值觀，而出現的不正常的行為表現。若欲改正，是可以做到的，具體方法如下：

（一）二十問法

這是一種自我反思法，即自己在紙上連續寫出二十個「我喜歡……」，寫的時候應不假思索，限時二十秒鐘。待全部寫下後，再逐一分析哪些是合理的慾望，哪些是超出能力的過份的慾望，這樣就可明確貪婪的對象與範圍，最後對造成貪婪心理的原因與危害，自己做較深層的分析。例如，有一個人在紙上連續寫下「我喜歡錢」、「我喜歡很多的錢」、「我喜歡自己是個有錢人」、「我喜歡有許多財富」、「我喜歡過有錢的生活」——寫完之後，就要思考一下，自己對錢是否有一些過分的慾望，為什麼許多舉動都與錢有關。

接著往下想，人的生活離不開錢，但這錢應來得正，不能取之不義之財；錢是身外之物，生不能帶來，死不能帶去，貪婪之心最終會阻礙自己的發展。然後分析自己是否有攀比、補償、僥倖的心理呢？是不是缺乏正確的人生觀、價值觀？

（二）知足常樂法

一個人對生活的期望不能過高。雖然誰都會有些需求與慾望，但這要與本人的能力及社會條件相符合。每個人的生活有歡樂，也有缺失，不能攀比，俗話說「人比人，氣死人」，「尺有所短，寸有所長」，「家家都有本難念的經」。心理調適的最好辦法，就是做到知足常樂，「知足」便不會有非分之想，「常樂」也就能保持心理平衡了。

（三）格言自警法

利用格言警句時刻提醒自己，約束自己，不要過於貪婪。

放棄是一種美德

誰說喜歡一樣東西就一定要得到它？有時候，有些人，為了得到他喜歡的東西，殫精竭慮，費盡心機，更甚者可能會不擇手段，走向極端。也許他得到了他喜歡的東西，但是在他追逐的過程中，失去的東西也無法計算，他付出的代價，是其得到的東西所無法彌補的。

其實喜歡一樣東西，不一定要得到它。因為有時候為了強求一樣東西，而讓自己的身心都疲憊不堪，是很不划算的。有些東西是「只可遠觀而不可近瞧」的，一旦你得到了它，日子一久，你可能會發現其實它並不如原本想像中的那麼好。如果你再發現你失去的和放棄的東西更珍貴的時候，我想你一定會懊惱不已。

第十六節　狹隘

俗話說「愁一愁，白了頭；笑一笑，十年少」。雖說有些誇張，卻道出了人的心境、情緒與健康的關係。在日常生活中，有些神情沮喪、鬱鬱寡歡的人，問起實際年齡，常會使你吃驚地感到其衰老程度，確實與實際年齡不符；而笑口常開、精神愉快的人，卻比實際年齡顯得年輕。

學會遺忘

人不但要學會記憶，而且要學會遺忘。一個人如果把什麼都記得很清楚，大腦裡充滿了各種各樣的記憶，那實在是很惱人的事，而且有害於身心健康。在現實生活中，我們常會看到這樣的現象：有些人腦子特別清楚，把什麼雞毛蒜皮、恩恩怨怨的事，都記得一清二楚，對什麼事都斤斤計較，耿耿於懷，結果不但事業無成，還成了個病秧子；一些人則該記的記，該忘的忘，精力充沛，胸懷坦蕩，事業有成，身心健康。由此可見，遺忘不僅是一種風度，而且是一種重要的養生方法。

遺忘，對痛苦是解脫，對疲憊是寬慰，對自我是一種昇華。在人生的旅途中，如果把什麼成敗得失、功名利祿、恩恩怨怨、是是非非等，都牢記心中，讓那些傷心事、煩惱事、無聊事永遠縈繞於腦際，在心中烙下永不褪色的印記，那就等於背上了沈重的包袱，無形的枷鎖，就會活得很苦很累，以至精神萎靡，心力憔悴，生命之舟就會無所依存，就會在茫茫的大海中迷航，甚至有傾覆的危險。如果我們善於遺忘，把不該記憶的東西統統忘掉，那就會給我們帶來心境的愉快和精神的輕鬆。正像陶鑄所說：「往事如煙俱忘卻，心底無私天地寬。」

遺忘是一種能力，一種品質，不是隨便下個決心就能辦到的。要學會遺忘，就要加強思想品德修養和心理素質的培養。要胸懷天下，心想大事，破除私心雜念，克服個人主義，淡泊名利，寧靜致遠，樹立正確人生觀和價值觀。要經常進行自我心理調節，想大一點，想遠一點，想開一點，從名利得失、個人恩怨中解脫出來，對已經過去的無關緊要的事物，要糊塗一點，淡化一點，寬容一點，朦朧一點，及時將這些東西從大腦這個倉庫中「清除」出去，不讓它們在記憶中佔有一席之地。

勿以小人之心，度君子之腹

在認識和評價別人的時候，我們常常免不了要受自身特點的影響，我們總會不由自主的以自己的想法，去推測別人的想法，覺得既然我們都這麼想，別人肯定也這麼想。

用心理學的術語說，這叫投射作用，也就是說，人們總是喜歡假設別人與自己有某些相同的傾向，喜歡認為自己具有的某些特點，別人也具有。例如，貪婪的人，總是認為別人也都嗜錢如命；自己喜歡說謊，就認為別人也總是在騙自己；自己自我感覺良好，就認為別人也都認為自己很出色。

一般說來，投射作用主要在以下兩種情況下發生：

第一，對方的年齡、職業、社會地位、身分、性別等等與自己相同。人們總是相信「物以類聚，人以群分」，認為同一個群體的人，總是具有某些共同的特徵，因此，在認識和評價與自己同屬一個群體的人的時候，人們往往不是實事求是地根據自己觀察所得到的資訊來判斷，而是想當然地把自己的特性投射到別人身上；另外，人們總是喜歡評價與自己有某些相同特徵的人，總是習慣於與這些人進行比較，但是，人們又不希望在比較中，自己總是落敗，處於不利之地，而投射作用在此正好起了一個保護作用，把自己的特點投射到別人身上，自己和別人就都一樣了，沒有什麼區別，自己不錯，別人也差不多。

第二，當人們發現自己有某些不好的特徵的時候，為了尋求心理平衡，就會把自己所不能接受的性格特徵，投射到別人身上，認為別人也具有這些惡習或觀念。

這時候，投射作用也是一種自我保護，這樣做可以保證個人心靈的安寧，但往往影響自己對人和事的正確判斷。在這種時候，人們更喜歡把自己所具有的那些不好的特徵，投射到自己尊敬的人或者比自己強得多的人身上，這樣一來，心裡的不安就會大減，因為名人尚且不可避免地具有這些特徵，何況我一個無名小卒？

人都是有七情六慾，人總是有一些共同的需要，而同處於一個社會，具有相同的身分地位、生活經歷的人，則具有更多的共通性。因此，投射作用在很多時候都還是比較準確的，但是不要忘了，「人心不同，各如其面」，人與人畢竟是不同的，不考慮個體差異，胡亂地投射一番，就會出現錯誤。

第十七節　吝嗇

吝嗇，就是小氣。吝嗇與吝惜不同，吝惜指對所有財物十分珍惜，不浪費，不大手大腳，是一種勤儉節約的好行為。《三國志．魏志．王蕭德評》曰：「吝惜財物，而治身不穢。」意謂珍惜財物，不鋪張浪費，是一種好品德。教育家徐特立早期在長沙辦學，非常勤儉，常常將別人丟棄的半截粉筆拿來寫字。他曾在詩中寫道：「半截粉條猶愛惜，公家物件總宜珍。諸生不解余衷曲，反謂余為算細人。」而吝嗇則是一種不正常的心態和行為。

《三國志．魏志．曹洪傳》曰：「始洪家富而性吝嗇。」《顏氏家訓．治家》曰：「吝者，窮急不恤之謂也。」可見吝嗇是一種有能力資助或幫助他人，卻不肯付諸於行動的行為。

學會「布施」

從前有一個非常吝嗇的人，他從頭上的每一根頭髮，到腳上的每一個腳趾頭都很吝嗇，他從來沒有想過要給別人東西，連別人叫他講「布施」這兩個字，他都講不出口，只會「布、布、布……」個半天，好像一講出這兩個字，自己就會有所損失似的。

佛陀知道了這件事後，就想去教化他，於是到了他住的城鎮去開示。佛陀就告訴大家布施的功德：一個人這輩子之所以富有，比別人長得高、長得帥，所有一切美好的事物，都跟上輩子的布施有關。

這個吝嗇的人聽了佛陀的教示之後很感動，可是他仍然布施不出去，他為此深感煩惱，便跑去找佛陀，對佛說：「世尊呀！我很想布施，但是做不到。」佛陀從地上抓了一把草，把草放在他的右手，然後要他張開左手，佛陀說：「你把右手想成是自己，把左手想成是別人，然後把這把草交給別人。」這個吝嗇的人，一想到要把這把草給別人，就呆住了，想得滿頭大汗，仍然捨不得給出去，最後，他突然開悟：「原來左手也是我自己的手。」就趕緊把草給出去，自己也為此深感欣慰。第二次，他只約花了一分鐘，就把草給出去。後來，他很輕鬆就可以把草給出去。佛陀又說：「現在你把草放在左手，把右手張開，將草交給別人。」第一次，他也是想了半天才給出去，第二次，他很容易就交出去。最後，佛陀對他說：「你現在把這把草給別人。」他便把這把草給了別人。

經過不斷的練習，這個有錢人不但可以把財物布施給別人，最後把身體也布施給了別人，結果求得了菩提。

菩提的追求沒有資格的限制，再吝嗇、再壞的人，只要決心想追求菩提，就可以透過訓練開啟菩提心。訓練開啟菩提心最簡單的方法只有一個，就是時時讓自己往美好、光明、良善的地方走。

第十八節　邪惡

祖祖輩輩以殺人為生的職業劊子手，若是在行刑前想到磨快屠刀，讓受刑者少一點死前的痛苦，那一念就是善；普通人在日常生活中，見到不幸的人而生比較之心而不是同情之心，那一念就是惡。

人性中有善也有惡。惡的那一部分，往往被壓在我們自己都無法察覺的地方，並且以我們同樣無法察覺的方式，影響著我們的心情和行為。心理學的主要任務，就是把這些惡暴露在光天化日之下。

善良不是一種願望，而是一種能力。一種洞察人性中的惡的能力，一種把他人的痛苦完整地理解為痛苦的能力。做一個人最重要的，也許就是學習善良。

從小就要分黑白

香港電視連續劇《還我今生》中的世傑，八歲因意外患上抽搐症，處於半植物人狀態，其兄在父親殘疾、母親另嫁的情況下，嘔心瀝血地維持了一家，並不惜一切代價使其起死回生。而他康復後，為了滿足私慾，先是搶佔了哥哥的未婚妻，又認仇人為父，氣死親生父親，最後發展到逼死親生母親、謀殺親哥哥，一系列行為可謂喪盡天良，毫無人性。

世傑的人格為常人所無法接受，甚至無法理解。用病理心理學原理分析，其人格屬於一種比較典型的反社會性人格障礙。這是一種犯罪型人格障礙，其基本特徵是沒有「良心」，幹了壞事一點兒也不覺得難過，對別人的痛苦漠不關心，且總是將自己的幸福，建立在別人的痛苦之上。這種類型的人一般智力發展發育良好，只是私慾極重，不擇手段地去攫取，富於攻擊性和破壞性。

現實生活中，具有反社會性人格障礙傾向的人不在少數，他們為了自己的私慾，有的營私舞弊、貪污詐騙；有的殺人放火、拐賣兒童；有的賣淫嫖娼、走私販毒。給社會、家庭帶來極大危害。

反社會性人格障礙者在兒童、少年期一般都有品行障礙，如世傑小時幹了壞事，自己一推了之，老是讓哥哥背黑鍋挨打，而其母卻因其成績好，聰明靈活，百般偏愛袒護，忽視了對他的品行教育，以至釀就了他後來極端自私的人格。

因此，採取有效措施，預防和矯正兒童、少年的品行障礙，是非常重要的。

首先，要注意進行道德情感的教育，尤其要進行責任感和義務感的教育，讓兒童知道自己做為一個人，不能光享受，還應履行義務和責任。

父母要注重自身的修養，為孩子樹立良好的道德榜樣，給他們創造一個健康的生活環境和學習環境。對兒童、少年的不良行為傾向，要及時進行教育、批評，將其消滅在萌芽狀態，切不可掉以輕心，甚至包庇縱容。從身邊的一點一滴做起，以身作則，分清善惡正邪，在原則性的問題上，千萬不能亂了方寸，顛倒黑白，以免在不知不覺中，對孩子造成了不良的影響，釀成後患。

擁抱善良

擁抱著善良，我們就會擁有一種美好的感覺，就會擁有一種亮麗的情懷；平凡的生命便會顯得生動起來，普通的世界便會渲染出迷人的色彩。

相反，如果您胸中沒有善良的情愫，您也就失去了一顆平和的心，您便不會用一種平和的心態，對待您所際遇的人和事。之所以有那麼一種拔一毛利天下而不為的人，關鍵的問題，並不是這種作為本身給他帶來多少損失或利益，而是這種人的世界觀、人生觀、價值觀，使他根本不能容忍或接受這種行為。這種人的胸中除了自私、狹隘，已經容不下與他自身利益並無大礙，或者並無根本利害衝突的善良，除了幸災樂禍或我不幸天下人皆應不幸的這種陰暗心理之外，我們很難在這種人身上，找到其他更多的情懷。因為這種人遠離了善良，隨之而來的嫉妒、仇恨、不平，便會把他燃燒得焦躁不安。所以，這種人不但容不得他人發財、升遷，甚至看不慣他人擁有良好的心情和燦爛的笑容。所以，凡是與他不能利益與共的人，便都成了他臆想的對手，於是也就成了他防範或攻擊的對象。其實，這種人真的活得很苦、很累，很令人為他悲哀。

給迷途者指條路，向落難者伸出一隻手，用會心的笑祝賀友人的成功，用真誠的話鼓勵失落的同事等等，這種看似輕而易舉的行動，其實並不僅僅只是種樸素的善良，而是用善良浸潤後的靈魂折射出來的人格的光輝，是經過善良沐浴後而散發出來的平和心態。

經過這種人格光輝照耀和用平和心態武裝起來的人，就一定會擁有一種美好的感覺和亮麗的情懷，他便會經常陶醉在因善良的舉動，而引發出來的幸福之中，而不會因為愧對他人或心存嫉恨，而產生無緣無故的內疚或憤怒。因此，無論是觀景、觀物，看人、看事，都會從內心深處，蕩漾出平和而溫馨的幸福。

當然，我們所倡導的善良，並不是善惡不辨、是非不分，對壞人、壞事一味放縱、寬容的那種毫無原則的愚善，而是意在弘揚真、善、美這三位一體的善良之光。我們這裡所說的善良，和西方寓言《農夫與蛇》的故事中的那位農夫的「善良」，和我國古代寓言《東郭先生與狼》中的東郭先生的「善良」，是完全不同的兩碼事。

因此，我真誠地祈禱著人們無私無怨地擁抱善良。因為，擁抱著善良，我們便有了海的浩瀚和大地的寬廣，擁有了鮮活的人生和無限的時空；生命萬物便會因為善良的滋潤，而顯得生動明麗，多彩的人生便會因為擁抱善良，而更加豐盈。

第十九節　自閉

自我封閉是指個人將自己與外界隔絕開來，很少或根本沒有社交活動，除了必要的工作、學習、購物以外，大部分時間將自己關在家裡，不與他人來往。自我封閉者都很孤獨，沒有朋友，甚至害怕社交活動。自我封閉的心理現象，在各個年齡層次都可能產生。兒童有電視幽閉症，青少年有因羞澀引起的恐人症、社交恐懼心理，中年人有社交厭倦心理，老年人有因「空巢」（指子女成家）和配偶去世，而引起的自我封閉心態。同時，在不同的歷史年代，都可能存在這一現象。

自閉的人，需要改變自己

（一）樂於接受自己

有時不妨將成功歸因於自己，把失敗歸結於外部因素，不在乎別人說三道四，「走自己的路」，樂於接受自己。

（二）提高對社會交往與開放自我的認識

交往能使人的思維能力和生活機能逐步提高，並得到完善；交往能使人的思想觀念保持新陳代謝；交往能豐富人的情感，維護人的心理健康。一個人的發展高度，決定於自我開放、自我表現的程度。克服孤獨感，就要向交往對象開放。

（三）精神轉移法

即將過分關注自我的精力，轉移到其他事物上去，以減輕心理壓力，如練字、作畫、唱歌、練琴等。

（四）系統脫敏法

自我封閉者要正視現實，要勇敢地介入社會生活，找機會多接觸和瞭解外人。不斷摸索經驗，可擴大與外界的交往。這可從最容易的做起，逐步完成難度動作。

讓自己合群

合群就是與別人合得來。合群作為一種性格特徵，具有既能夠接受別人，同時也能被人接受的社會適應性特點。合群的人樂於與人交往，他們不封閉自己，願意向別人敞開自己的心理世界；同時，合群的人往往是善解人意的、熱情友好的，他們在與人相處時，正面的態度（如尊敬、信任、喜悅等）多於反面的態度（如仇恨、嫉妒、懷疑等）。因此，他們能建立和諧的人際關係，有較多知心的朋友。

心理學家指出，不合群的性格，不僅有礙於和諧的人際關係建立，因而不適應現代社會生活的需要，而且還會使人心理上缺乏安全感和歸屬感，形成退縮感和孤獨感，從而也有礙於人的身心健康。

那麼，究竟怎樣才能改變不合群的性格呢？

（一）學會關心別人

如果你期望被人關心和喜愛，你首先得關心別人和喜愛別人。關心別人，幫助別人克服了困難，不僅可以贏得別人的尊重和喜愛，而且，由於你的關心，引起了別人的積極反應，也會給你帶來滿足感，並增強了你與人交往的自信心。

除了關心別人以外，有了困難你要學會向別人求助，因為別人幫助你克服了困難，你的心理當然就會從緊張轉為輕鬆，這不僅使你懂得了與人交往的重要性；而且由於你的誠摯的致謝，別人也會感到愉快，這就溝通了人際之間的情感交流。

（二）學會正確評價自己

古語說：「人貴有自知之明」。在人際交往中，你對自己的認識越正確，你的行為就越自然，表現也越得體，結果也就越能獲得別人肯定的評價，這種評價對於幫助你克服自卑和自傲兩種不利於合群的心理障礙，是十分有利的。

（三）改正錯誤的人際知覺

社會心理學的研究指出，人在評價別人時難免帶有主觀印象，結果常常因此而「失真」。比如常常根據對方的個人資料（如籍貫、職業等），來推斷此人的性格，如認為會計總是斤斤計較，小氣萬分的。這種錯誤的人際知覺，當然使你難於與人和睦相處。因此能認識到這些人際知覺中的偏見，並不為之所囿，就能合群了。

（四）學會一些交際技能

如果你在與人交往時總是失敗，則由此而引起的消極情緒，當然會影響你的合群性格。如果你能多學習一點交往的藝術，自當有助於交往的成功。例如，多掌握幾種文體活動技能，如跳舞、打球之類，你會發現自己在許多場合，都會成為受別人歡迎的人。

（五）保持人格的完整性

莊子說：「水至清則無魚，人至察則無朋」。與人相處時，當然不應苛求別人，而應當採取隨和的態度，但那是有限度的。因為隨和不是放棄原則，遷就亦非予取予求。如果那樣根本就不會得到別人的信任和尊敬，自然無從合群了。

保持人格完整的最好辦法，是在平素的待人接物中，把自己的處事原則和態度明白地表現出來，讓別人知道你是怎樣一個人。這樣，別人就會知道你的作風，而不會勉為其難地要你做你不願做的事，而你也不會因經常需要拒絕別人的要求，而影響彼此間的人際關係了。

（六）學會和別人交換意見

合群性格的形成，有賴於良好的人際關係，而良好的人際關係肇始於相互的瞭解，人與人之間的相互瞭解，又要靠彼此在思想上和態度上的溝通。因此，經常找機會與別人談談話、聊聊天，討論某些問題，交換一些意見是十分必要的。

第二十節　偏執

偏激和固執像一對孿生兄弟。偏激的人往往固執，固執的人往往偏激。心理學對此有一個專門的術語：偏執。

由關羽想到的

三國時代的關羽，過五關，斬六將，單刀赴會，水淹七軍，是何等英雄氣概。可是，他致命的弱點就是剛愎自用，固執偏激。當他受劉備重托留守荊州時，孫權派人來向關羽之女為兒子求婚，關羽大怒，出口傷人，以自己的個人好惡和偏激情緒，對待關係全局的大事，不計後果，導致了吳蜀聯盟的破裂。最後落個敗走麥城、被俘身亡的下場。假若關羽少一點偏激，不意氣用事，那麼，吳蜀聯盟大概不會遭到破壞，荊州的歸屬可能也不是另外一種局面。

關羽不但看不起對手，也不把同僚放在眼裡，名將馬超來降，劉備封其為平西將軍，遠在荊州的關羽大為不滿，特地給諸葛亮去信，責問說：「馬超能比得上誰？」老將黃忠被封為後將軍，關羽又當眾宣稱：「大丈夫終不與老兵同列！」目空一切，氣量狹小，盛氣凌人，其他的人就更不在他眼裡，一些受過他蔑視侮辱的將領，對他既怕又恨，以致當他陷入絕境時，眾叛親離，無人救援，促使他迅速走向敗亡。

偏激是指人的意見、主張等過度。多存在於青少年中。性格和情緒上的偏激，是一種心理疾病。它的產生源於知識上的極端貧乏，見識上的孤陋寡聞，社交上的自我封閉意識，思維上的主觀唯心主義等等。

偏激的人總是帶著有色眼鏡，以偏概全，固執己見，鑽牛角尖，對人家善意的規勸和平等商討，一概不聽不理，怨天尤人，牢騷太盛，成天抱怨生不逢時，懷才不遇，只問別人給他提供了什麼，不問他為別人貢獻了什麼。

偏激在情緒上的表現，是按照個人的好惡和一時的心血來潮去論人論事，缺乏理性的態度和客觀的標準，易受他人的暗示和引誘。如果對某人產生了好感，就認為他一切都好，明明知道是錯誤、是缺點、也不願意承認。

偏激在行動上的表現是莽撞從事，不顧後果。中學生往往認為友誼就是講義氣。當他們的朋友受了別人「欺侮」時，他們往往二話不說，馬上就站出來幫朋友打架，把蠻幹、魯莽當英雄行為。

由於知識經驗不足，辯證思維的發展尚不成熟，不善於一分為二地看問題，往往抓住一點就無限地誇大或縮小，自以為看到了事物的全部，極易出現以偏概全的失真判斷，導致錯誤的結論。尤其是中學生正值青春期，內分泌功能迅速發展，大腦皮層及皮層下中樞的興奮度，常迅速地增強或減弱，從而形成情緒的波動不安，出現偏激認識和衝動行為。

我們需要不斷地豐富自己的知識，增長自己的閱歷，培養辯證思維能力，全面、靈活、完整地評價事物，冷靜、客觀地看待問題。同時，多參加有益的社交活動，培養勇敢、頑強、堅韌、機智、果斷、團結、互助等良好的意志品質，有效地增強自控能力。此外，還要掌握正確的思想觀點和思想方法，不放縱、不遷就自己，說話、做事多冷靜思考，才能有效地克服那種「一葉障目，不見泰山」的偏激心理。

固執人的心理補償

固執，生活中並不少見，常有因它而造成朋友分手、戀人告吹、夫妻失和、父子反目。

心理學家認為，固執與那種「不正常的」愚蠢的叫做頑固的倔強相近似。它是一種偏執型人格障礙，其主要特點是敏感多疑。好嫉妒、自我評價過高、不接受批評、易衝動和詭辯、缺乏幽默感。現代醫學研究顯示，固執的人不但妨礙了健全的精神面貌，而且還會導致神經系統與內分泌系統的功能紊亂，進而影響到人的正常生理代謝過程，使人體的免疫能力降低，易患多種疾病。如神經官能症、消化道潰瘍、高血壓、冠心病等身心疾病，並使人早衰，縮減壽命。因此，有必要給這些人一些心理補償，以減輕其身心的傷害。

（一）從書籍中獲得撫慰

法國數學家、哲學家笛卡爾說過：「讀一些好書，就是和許多高尚的人談話。」實驗顯示，經常閱讀偉大人物的傳記，更能使那些固執的人得到心靈上的慰藉。但是應該注意的是，越有知識越要謙虛，這是做人的美德。為人處事要尊敬和信任他人，多培養寬容的態度。不要過於欣賞自己的成績，議論別人的不足。

（二）克服虛榮心，培養高尚的情趣

人無完人，誰都會有缺點和錯誤，這用不著掩飾。我們要以真誠的態度來對待生活，要樹立遠大的目標，追求美好、崇高的東西。不要整天把心思放在修飾打扮和趕時髦上，更不要不懂裝懂。

（三）加強自我調控

要善於克制自己的抵觸情緒，以及無禮的言語和行為。對自己的錯誤，要主動承認，善於應用幽默，自我解嘲地找個臺階下來，不要頑固地堅持自己的觀點。

（四）養成善於接受新事物的習慣

固執常和思維狹隘、不喜歡接受新東西，對未曾經歷過的東西感到擔心相關聯。為此，我們要養成渴求新知識，樂於接觸新人新事，並學習其新穎和精華之處的習慣。

第二十一節　暴躁

憤怒是一種很常見的情緒，特別是年輕人：比如血氣方剛的小伙子。他們往往三兩句話不對，或為了一點芝麻綠豆大的事情，就大打出手，造成了十分嚴重的後果。

制服憤怒

制服憤怒的重點在於理清憤怒來源，有效表達它。下面的方法，會幫助你做到這一點：

（一）認清你想透過憤怒來達到什麼目的

不要被憤怒蒙住了眼睛，看看憤怒背後你的那些慾望是什麼。如果你希望和別人交朋友，而他（她）讓你失望，你就搧人家耳光的話，那麼，你就永遠失去了和他（她）親近的機會。相反，你可以說出你真正的感覺：「我很重視我們的友誼，但有些事情威脅到了我們的友誼，這讓我很失望。讓我們談談，一起來解決這個矛盾怎麼樣？」

（二）不要把不滿情緒，發洩在無辜的人身上

有這樣的可能，我之所以對他憤怒，是因為對他發火比較安全？不要把誰當替罪羊，這樣沒有任何作用，相反會讓你的情緒失控，發完火以後你會後悔莫及。如果你成了別人憤怒的目標和犧牲品，問自己：「我一定要接受這個人給我安排的位置嗎？我一定要為這種事感到受傷嗎？」其他人和你一樣也會尋找替罪羊。你可以去做志願者，但不要做「志願羊」。即便別人選擇了你，也可以避開。不要上鉤，不要去打和你沒關係、你也贏不到什麼的戰鬥。

（三）找出獲得愛和快樂的方法

你的憤怒，有些是來自於你的基本需要和慾望不能滿足，你感到深深地受傷或無助，你想要生活中有更多的快樂和關愛。憤怒並不排除愛、感激等積極情感。你可以深愛某人，為他或她感到怒不可遏，但仍然繼續愛著他（她）。實際上，憤怒的產生往往是由於愛得太深，我們常說：「愛之深，責之切」。在上述情況下，你需要找出獲得愛和快樂的方法，憤怒才會消失。發洩憤怒，只會讓你更受傷。

（四）不要用憤怒來彌補你的自尊心

你所謂的憤怒，可能是你用來掩飾自己受傷的一種高傲的方式，是你做為人的生存受到了威脅，和你的自負受到了傷害時的一種自我保護。但是，這種方式最終還是不能解決問題。為了面子而奮鬥，只會讓你時常感到失落，失落又會讓你感到憤怒。

（五）自信

真正自信的人，是不會為了別人小小的事情，就認為傷了自己的自尊心的。很多時候憤怒來自於我們的不自信和不安全感。比如我們常常看到小說中的某位小姐，在大街上看到一個落魄書生，貧病交加，眼看就要死在街頭。小姐十分同情他的遭遇，就想把他接回自己家中照顧。沒想到此書生不領情，十分憤怒，說自己寧可死也不願受人恩惠。這其實就是書生的脆弱的自尊心在作祟。

（六）對自己的憤怒負責

不要給憤怒尋找假、大、空的理由，你需要的是解決問題，不是空洞的勝利。

（七）關注憤怒

學會區分短期的憤怒和長期的怨恨。找個筆記本記下你在不同情境下，對不同人的憤怒程度，並分清自己的憤怒共有多少種類。這會幫助你決定在什麼時候、什麼情況下表達憤怒，表達什麼樣的憤怒，如何表達憤怒。

（八）真誠、負責地表達你的憤怒，不要用暴力的方式

暴力只會帶來更多的憤怒、傷害和復仇，無論是口頭的還是軀體的攻擊，都不會熄滅怒火。告訴別人是什麼讓你感到憤怒或受傷害，告訴他們你真正希望他們做的是什麼。以不攻擊的方式，將不滿表達出來，與其說「你錯了，你簡直離譜」，不如說「我覺得受傷，你的所作所為沒有考慮到我的需要。」

（九）將憤怒暫時擱置

如：憤怒的時候，從一數到十。憤怒的當時寫一封信，可以是寫給你發火的對象，也可以是寫給報刊、雜誌或主管。這封信寫得越詳細越好，把這封信放一天再讀一遍，再考慮是否真的值得發火。

憤怒時，先別去想這件事，過一段時間再想，替這些情緒找到出口。體育鍛鍊是一種很好的釋放方式：慢跑、打球、在沒人的地方大喊大叫等等都可以。

（十）不要壓抑自己

不要假裝你沒有憤怒，不要透過否認憤怒來麻醉自己。壓抑自己不會讓你得到你想要的，只會讓你感到迷惑、內疚和抑鬱。生氣是真實的情緒，但情緒和情緒表達則是兩回事。當一個人一直壓抑怒氣時，遲早會如同水庫潰堤。因此與其壓抑，不如學習紓解。

（十一）對事不對人

說「這件事情真的讓我很生氣」，是針對事件，說「你這混蛋，怎麼做出這種事情」，就是針對人了。

（十二）總結經驗教訓

憤怒之後，試著去瞭解是什麼真正讓你憤怒，並把你的想法告訴另一個人。一個中立的傾聽者，能幫你理清情緒、認清目標。

（十三）勇於認錯

不要因為一時憤怒造成了不好的結果，而指責自己。如果是你的錯，就拿出你發洩憤怒時的勇氣來，去道歉，求得別人的諒解。

（十四）站在「肇事者」的立場想

為他尋找合理的理由。告訴自己：「那個找我麻煩的傢伙，搞不好遇上了什麼煩惱，日子不好過。」

（十五）寬恕

藉著寬恕，會讓你深深覺得，愛才是人際關係的主宰。

（十六）吸取教訓

憤怒是一次學習的機會。透過瞭解自己憤怒的來源，我們可以把憤怒的能量轉化為建設的動力。在平時注意那些讓你煩悶的情境，不要讓環境影響了你的心情，使你憤怒起來。比如：排隊時人潮擁擠，空氣惡劣，再加上等候時間長的話，人就容易發怒。這時，乘機放鬆一下，做做白日夢打發時間，有助於你的心情平和。

你性格暴躁嗎？

請對下列問題回答「是」或「否」：

‧從感情的角度來說，我情緒不穩定。
‧我有較強的報復心理。
‧我比較不相信別人，有點疑心重。
‧我比較容易注意到別人的缺點。
‧別人很容易就會激怒我。
‧我有時覺得自己的情緒，好像一顆定時炸彈。

- 有人說我很粗魯。
- 很多人說我不理解別人。
- 我很容易發怒。
- 當事情不按我的方式進行時，我就會生氣。
- 我生氣時，有時會做出自己也不相信的事情來。
- 我有時會在公眾場合發脾氣。
- 別人覺得我的脾氣不容易捉摸。

如果有十個或以上的「是」，說明你確實是一個脾氣暴躁的人，請注意調適。

第二十二節　自負

為何有自負心理？

如果說，每一種異常心理之所以產生都有一定原因的話，那麼自負心理的產生是相對比較複雜的。對此，我們有必要追根溯源一番。

（一）過分嬌寵的家庭教育

家庭教育是一個人自負心理產生的第一根源。對於青少年兒童來說，他們的自我評價首先取決於周圍的人對他們的看法，家庭則是他們自我評價的第一參考要素。父母寵愛、誇讚、表揚，會使他們覺得自己「相當了不起」。

（二）生活中的一帆風順

生活中遭受過許多挫折和打擊的人，很少有自負的心理，而生活中的一帆風順，則很容易養成自負的性格。現在的中學生大多是寶貝子女，是父母的掌上明珠，如果他們在學校出類拔萃，老師又寵愛他們，就會養成自信、自傲和自負的個

性。

（三）片面的自我認識

自負者縮小自己的短處，誇大自己的長處。缺乏自知之明，對自己的能力評價過高，對別人的能力評價過低，自然產生自負心理。這種人往往好大喜功，取得一點小小的成績就認為自己了不起，成功時，完全歸因於自己的主觀努力，失敗時，則完全歸咎於客觀條件的不合作，過分的自戀和自我中心，把自己的舉手投足，都看得與眾不同。

（四）情感上的原因

一些人的自尊心特別強烈，為了保護自尊心，在交往挫折面前，常常會產生兩種既相反又相通的自我保護心理。一種是自卑心理，透過自我隔絕，避免自尊心的進一步受損；另一種就是自負心理，透過自我放大，獲得自卑不足的補償。例如，一些家庭經濟條件不是很好的學生，深怕被經濟條件優越的同學看不起，便會假裝清高，在表面上擺出看不起這些同學的樣子。這種自負心理，是自尊心過分敏感的表現。

自負也有正反面

既然自負有正反面，那我們就要把這兩個方面看個一清二楚。

人是不能沒有自負的。尤其對青少年來說，在適當的範圍內，自負可以激發他們的鬥志，樹立必勝的信心，堅定戰勝困難的信念，使他們能夠勇往直前。但是，自負又必須建立在客觀現實的基礎上，脫離實際的自負，不但不能幫助事業成就，反而影響自己的生活、學習、工作和人際交往，嚴重的還會影響心理健康。

如果你的自負心理超出了範圍，你就必須接著往下看了。

首先，接受批評是根治自負的最佳辦法。自負者的致命弱點是不願意改變自己的態度，或接受別人的觀點，接受批評即是針對這一特點提出的方法。它並不是讓自負者完全服從於他人，只是要求他們能夠接受別人的正確觀點，透過接受別人的批評，改變過去固執己見、唯我獨尊的形象。

其次，與人平等相處。自負者視自己為上帝，無論在觀念上或是行動上，都無理地要求別人服從自己。平等相處就是要求自負者，以一個普通社會成員的身分與別人平等交往。

第三，提高自我認識。要全面的認識自我，既要看到自己的優點和長處，又要看到自己的缺點和不足，不可一葉障目，不見泰山，抓住一點不放，未免失之偏頗。認識自我不能孤立地去評價，應該放在社會中去考察，每個人生活在世上，都有自己的獨到之處，都有他人所不及的地方，同時又有不如人的地方，與人比較不能總拿自己的長處，去比別人的不足，把別人看得一無是處。

第四，要以發展的眼光看待自負，既要看到自己的過去，又要看到自己的現在和將來，輝煌的過去可能標誌著你過去是個英雄，但它並不代表著現在，更不預示著將來。

PART 3
別讓意志障礙困擾你

第二十三節　猶豫不決

猶豫不決的心理

無法做出決定，過分猶豫其實是一種性格中的問題，這樣性格的人，有很多的想法和擔心，這些想法和擔心並沒有錯，錯是錯在無法做出決定。比如焦紅要到南方，當然就要準備好競爭的心態，沒有人可以保證你能成功的，不過也不會嚴重到永遠不能夠回頭。無論做什麼選擇，都是要去面對困難，繼續做自己不喜歡的事情，還是做自己喜歡做的事情，都是要付出代價的，包括猶豫本身，錯過了機會，還是要付出代價。其實，誰都無法逃避做決定，人總是要做出決定的，儘管內心希望逃避。

猶豫不決的心理調適

（一）一切都從想要改變開始

任何令人滿意的結果，都需要有個「開始」，這裡的「開始」指的就是有想要改變的意願。疾駛的火車載你到遙遠的地方，去見日夜思念的人，這麼美好的結果，總是從火車緩緩移動開始的。

面臨痛苦的煎熬，如果沒有改變的意願，糟糕的狀況只會繼續下去。這種感覺就好像把自己的一切，交給未知的命運去決定，或者讓自己成為一葉浮萍，水流到哪裡，自己也跟著飄到哪裡。你的想法、感受、理想、喜好——一切屬於你的獨特性都變得不重要，生活變得死氣沈沈！

（二）更重要的是要有行動

有了想改變的念頭，心情也許會因為看到一線的希望而好轉，但這並不表示問題就真的會有改變。如果只萌生強烈改變意願，但是行動上卻依舊怨天尤人、生氣捶牆、自我責備的話，一切也不會有什麼改善。

我常見到一些人清楚地知道自己的生活的確要有所改變，可是卻仍然使用原來的行為習慣或方式，來面對自己的問題，結果原先想改變的期望，卻因為一再地失望而逐漸消失殆盡，心理的困境反而加劇了。所以，當你有了改變的寶貴動機之後，最重要的是要考慮接下來要有哪些跟以前不一樣的行動，這樣才是真正想改變，而且這樣的做法才能取信於自己：「這次我是認真的！我真的想要變！」

如果你不滿意自己的生活，或是過得不快樂，就得要有改變，否則，不滿意或不快樂只會繼續下去。我經常遇到生活不快樂的人，接觸的過程中大概瞭解他們不快樂的原因，也覺得他們的不快樂是可以改變的，可是，這一切總是要等他們決定要有所改變之後，日子才會不一樣。一旦有了改變的意願之後，千萬記得也要有行動上的改變，這樣，事情才會跟著開始變好。

第二十四節 後悔

後悔的原因

人們產生後悔的原因，大致可分為兩種：

第一種是在做出決定之前，對可能出現的消極後果有一定的預知，但由於疏忽大意或盲目樂觀，對這種危險的苗頭，沒能採取必要的預防措施。在這種情況下，決定者是非常後悔的，因為他已經接近了正確的選擇，只因一念之差，而發生了重大遺漏。

另一種後悔經常發生在盲目樂觀者身上，決定者在制訂行動方案時，有意迴避不利的信息，對未來的困難、危險及不利條件，根本未加考慮，由於沒有任何心理準備，也沒有任何有效的應急措施，因此，決定者只有驚恐和本能的防禦反應，只能臨時利用手頭的力量補救一下，但終因補救措施的非系統化、非嚴密化，而收效不大。

做決定時的幾種誤區會導致後悔

首先，當選擇者搜尋各種可能性，並且僅僅發現了一個可接受的方案時，他就傾向於忽視這一可能性的危險，無暇思索未來的威脅。如果他得不到反對這個唯一方案的任何資訊，他就會迅速採納這個方案。如果這個唯一的方案也很危險，且代價又很大，選擇者就會認為自己已山窮水盡，沒有選擇的餘地了，這種沒有選擇餘地的感覺，嚴重妨礙了選擇者的思路，使之被動、草率地應付選擇。

人們遇到難題向專家諮詢時，也會產生一種順從感或別無選擇感。這時，人們十分情願地聽從專家的意見，認為他們的意見是唯一合理的。這種在專家面前的自卑感，妨礙了人們的自主性，使人們輕易放棄了其他選擇。

其次，選擇者儘管已經意識到選擇可能帶來損失及後悔，但認為損失不會馬上出現，他就容易低估損失的嚴重性。

再次，如果選擇者認為自己的決定，對自己的名譽和周圍人不會造成巨大影響，他就不易預見到後悔。

最後，如果選擇者確信自己不會再發現新的資訊或新的可能性，他就會默認現實的選擇，不再理睬可能出現的後悔。

後悔的應對

如何將後悔轉化為深刻的教訓呢？我們不妨從以下三個方面入手。

（一）反思後悔的根源，找出決定失誤的原因

（二）在陷入極度後悔的狀態時，應淡化後悔的情緒色彩，積極採取挽救行動，但不應徹底遺忘後悔的情緒，適當地在心中保留後悔的經驗，才能對未來的選擇更審慎。「健忘」正是屢犯相同錯誤的根本原因。

（三）在面臨與過去相似的選擇時，一定要仔細地回憶過去失敗的情形，積極地利用過去的經驗，從而避免犯相同的錯誤。其實，只要留心，便不難預見損失。

高質量的選擇，是一種情緒中性的耐心選擇，它不被有利條件衝昏頭腦，也不被不利環境所嚇倒，它始終懷有希望，又始終不掉以輕心，它要求人們保持一定的緊張度，投入一定的精力，這也是責任感的體現。

第二十五節　強迫

「潔癖」是強迫症的一種

心理諮詢室裡來了一位愁容滿面的母親，帶著她的女兒。一坐下便說：「我女兒鬧得家裡人都不得了。她有『潔癖』，老說四周彌漫著種種病毒、細菌，就一直打掃衛生，不停地洗衣服、洗手，最長的一次，出了一趟門，回來不吃不睡整整洗了二十個小時的衣服，手上都洗得掉了一層皮。大夫，你說這可怎麼辦？」

這位母親所說的「潔癖」，實際上是一種心理障礙，心理學上稱為強迫症。有兩種表現形式：強迫性思維和強迫性動作。這種病日常生活中並不少見，如信已投出，懷疑是否貼錯了郵票；出門時房門關好後，還要檢查是否確實關閉了，如果這種想法或動作反複出現，且不能自控時，就屬於強迫症。其實質是患者的理智認識無法擺脫自己的一些想法、情感和動作，越想控制它，它就越出現，從而引起強烈的內心衝突。病人通常伴有焦慮、抑鬱情緒，重者影響工作、學習及生活。這個女

兒患的是強迫性動作。

強迫症多在遺傳因素和家庭環境的影響下，加之本人的性格特點（如過分認真、循規蹈矩、猶豫不決等）以及不良的社會心理因素長期作用下，逐漸形成的。

從這位女兒的病史中，瞭解到父母從小對要求十分嚴格，做事必須認真，一絲不苟，尤其是其母親特別愛乾淨。六歲時，她又親眼目睹其阿姨死於肝炎的慘狀。可以說她童年的生活經歷和環境的影響，是其日後產生心理障礙的根源。特別是一年來工作壓力很大，科室裡的一位同事正患肝炎，這些不愉快的生活事件，引發了她幼年的恐懼心理在其成年後的再現，即用兒童的態度，對待本來不值得恐懼的事物。

你有強迫症狀嗎？

您可以根據自己的情況進行評定：

- 我常產生對病菌和疾病毫無必要的擔心。
- 我常反複洗手，而且洗手的時間很長，超過正常所必需。
- 我有時不得不毫無理由地重複相同的內容、句子或數字好幾次。

- 我覺得自己穿衣、脫衣、清洗、走路時，要遵循特殊的順序。
- 我常常沒有必要地對東西進行過多地檢查，如檢查門窗、開關、瓦斯、錢物、文件、表格、信件等。
- 我不得不反複好幾次做某些事情，直到我認為自己已經做好了為止。
- 我對自己做的大多數事情，都要產生懷疑。
- 一些不愉快的想法常違背我的意願，進入我的頭腦，使我不能擺脫。
- 我常常設想自己粗心大意或細小的差錯，會引起災難性的後果。
- 我時常無原因地擔心自己患了某種疾病。
- 我時常無原因地計數。
- 在某些場合，我很害怕失去控制而做出尷尬的事。
- 我經常遲到，因為我沒有必要地花了很多時間，重複做某些事情。
- 當我看到刀、匕首和其他尖銳物品時，我會感到心煩意亂。
- 我為要完全記住一些不重要的事情而困擾。
- 有時我有毫無原因地想要破壞某些物品，或傷害他人的衝動。
- 在某些場合，即使當時我生病了，我也想暴食一頓。

• 當我聽到自殺、犯罪或生病時，我會心煩意亂很長時間，很難不去想它。
• 當上述症狀，持續存在而影響正常生活時，您有必要找專科醫生諮詢。

應對強迫症狀的方法

（一）減輕不完美感。他們常常覺得做的事情不夠好，有一種不完美的感覺，所以往往反覆地重複某項工作，以達到自己的要求。我們一定要減輕這種不完美的感覺。

（二）減輕不安全感。怕髒，怕病等等是因為這些讓他們感覺很不安全。這是因為，這是內心深處嚴重的不安全感，以這些小事為藉口的表現。

（三）減輕不確定感。有強迫症的人，往往對自己要求特別嚴格，以達到別人的要求，這事實上是一種沒有自信的表現。所以，病人要學會自己調整心態，增強自信，減少不確定的感覺。

（四）對伴有強迫性思維、焦慮和抑鬱症狀的，也可輔以藥物。

第二十六節　衝動

哪些人容易一時衝動？

衝動是指在理性不完整的狀況下的心理狀態，和隨之而來的一系列行為。打架鬥毆都在這種情況下發生。有些人僅因一件瑣事、一句口角，一時衝動便起意傷人、殺人。當然，殺人償命、負債還錢是法治社會最基本的準則，為此付出沉重代價的人，事後往往悔不當初，而旁觀者則對他們遲來的覺醒，搖首嘆息。

研究發現，這些人的衝動指數相當高：

（一）價值觀不正確，擺不正自己的位置的人。

（二）無所事事，沒有明確的事情分散體力、精力的人。

（三）在節律周期的臨界日，特別是情感曲線的臨界日的人。

（四）人體內環境失衡，如甲狀腺亢進等內分泌失調的人。

衝動的控制

（一）衝動的正面是冷靜，而冷靜的內涵則是理智

理智者遇上不順心之事，一般都能三思而後行。除了那些喪失理智和法律意識薄弱之人外，凡吃五穀者，都有一時激憤或消沈的時候，這是個危險時段，很多不正確的判斷常常是在這不冷靜的時刻做出的。

（二）提高文化素養

能否理智行事，又與文化程度的高低成正比。這點和法院調查報告完全吻合：「衝動殺人的犯罪人，最多僅有國中以下文化程度，文化程度低下，缺乏自控能力是逞一時之快殺人的重要原因」。法律對一些欲鋌而走險的人能起警示作用，可是，如果文化程度低下，加之法律意識淡薄，「無知無畏」，那就極其容易經不起旁人的挑釁，而走向犯罪的深淵。

（三）外人的眼光看問題

「當局者迷，旁觀者清」這話不無道理。因此，如果人們能以局外人的頭腦，觀察自家局內人之身，則善莫大焉。

第二十七節 懷舊

回憶屬於過去

懷舊是一種常見的心理現象，古人用「舉頭望明月，低頭思故鄉」、「月是故鄉明」等詩句，來表達對故鄉、故人的思念之情，對故土的思念能夠激發人心中的愛國熱情。但是，社會中有一些人以另一種方式懷舊，他們認定今不如昔，生活在今天，而志趣卻滯留在昨日，一言一行與現實生活格格不入，這種懷舊心理，似乎不再僅僅是懷舊而已了。

懷舊心理的產生有社會原因，也有主觀因素。從社會原因來看，由於社會各方面不斷改革變化，社會地位與經濟利益受到衝擊的那一部分人，極易產生失落感，但又無能為力，只能透過懷舊的方式來表達現實的遺憾。隨著現代文明和大都市的大規模崛起，原有的生活環境在無情地解體。大城市裡的人們告別了四合院、巷里弄，但又被困在鋼筋水泥的框架中；在鄉村，詩篇一樣的田野不斷被公路、鐵路吞

噬，工業污染了大地；電視使世界和人們接近，卻又使人們的心靈彼此疏遠。這一切都使一些人感到不適與恐懼。

從主觀方面看：懷舊實質上是一種對現實生活的躲避和遁逃，懷舊是一種特殊的機制。它把我們所不想回憶的痛苦和壓抑隱藏了、忘卻了，以至於我們自己永遠不會再想起。而另一方面，它又把我們過去生活中美好的東西大大強化了、美化了，以至於人們在幾次類似的回憶後，把自己營造的回憶當作真實。懷舊起源於個人的失落感。失落導致回首，以尋找昔日的安寧與情調。

有些人很依戀過去的事情，依戀過去的友人、戀人。他們保存著大量的舊照片、舊服裝、舊書、舊報紙；給孩子取舊時代的名字；十分熱衷搞同鄉會、同學聯誼會。有的男士女士，過去曾有過一段戀情，因故未成連理，如今已居中年，舊情萌發，開始「第二次握手」；也有人很依戀過去的經歷，過分看重過去所取得的功績，把所獲得的獎狀、勳章、獎品保存得完美無缺，時常追憶當年那輝煌的經歷。相較之下，現在這榮譽的光環正逐漸在消失，心裡時常有失落感。

由於過分的懷舊，一些人在人際交往中，只能做到「不忘老朋友」，但難以做到「結識新朋友」，個人的交際圈也大大縮小。此類過分的懷舊行為，阻礙著你去適應新的環境，使你很難與時代同步。回憶是屬於過去的歲月的，一個人總該不斷進步才是。我們要試著走出過去的回憶，不管它是悲還是喜，不能讓回憶干擾我們今天的生活。

善待今天

這肯定是一個非常奇怪的念頭，在一次又一次嘗試失敗之後，我仍在小心翼翼地選擇一條無礙無阻的坦途，以期回到從前。從前之於我們，肯定有著某種特別重要的意義。

隆薩樂爾曾經說過：「不是時間流逝，而是我們流逝。」不是嗎?在已逝的歲月裡，我們毫無抗拒地讓生命一點一滴地流逝，卻做出了分秒必爭的滑稽模樣。說穿了，回到從前也只能是一次心靈的謊言，是對現在的一種不負責的敷衍。

史威福說：「沒有人活在現在，大家都活著為其他時間做準備。」所謂「活在現在」，就是指活在今天，今天應該好好地生活。這其實並不是一件很難的事。

昨天就像使用過的支票，明天則像還沒有發行的債券，只有今天是現金，可以馬上使用。今天是我們輕易就可以擁有的財富，無度的揮霍和無端的錯過，都是一種對生命的浪費。

這世上再也沒有什麼能比今天更真實了。即使能回到從前，也會有太多的遺憾，就像一個早已癒合了的傷口，又被我們重新揭起。那些我們無法改變的事實，那些我們無力填補的空白，都是因為我們當初錯過了「今天」的結果。或許，回不到從前，那聲啼哭才更具有撼人心魄的力量；或許，回不到從前，那段逝去的童年才會更令人神往；或許，回不到從前，那場沒有結果的初戀，才能成為你生命之樹上的永恆花朵。

不要迴避今天的真實與瑣碎，走腳下的路，唱心底的歌，把頭頂的陽光編織成五彩的雲裳，遮擋凌空而至的風霜雨雪。每一個日子都向人們敞開，讓花朵與微笑回歸你疲憊的心靈，讓歡樂成為今天的中心。如果有荊棘刺破你匆匆的腳步，那也是今天最真實的痛苦。只有善待今天，才能讓生命感知生活的無邊快樂。

第二十八節 依賴

感情依賴不是愛

最近，一位朋友告訴我，半年來她一直很煩惱，因為她發現自己喜歡上了公司的一位同事。可能因為經常在一起打球吃飯等，在較為頻繁的接觸中，那位男士對她也有好感，可是他已經結婚了。她是個很傳統的人，一次次告誡自己放棄，可是事實上卻辦不到。她盡量控制與他見面，見到他卻又很開心。這種煩亂的情緒，直接影響到她的工作和考試，她越來越不明白自己究竟應該怎麼辦才對。

這種現象稱為「感情依賴」，不必要太焦慮。人都有社交需求，需要人的親近，不願意孤獨，希望被認可，被重視。感情依賴出現在親子之間、朋友之間、群體等。感情依賴是正常的，人都會有不同程度的感情依賴。人往往忍受不了朋友的背叛，難以承受戀人的離去，就是因為他需要情感上的滿足。

感情依賴很多時候很容易迷惑人，特別是異性之間。很多人將情感依賴誤認為愛情，在小說、故事和現實中的一夜情、豔遇等等，都是這種誤解的折射。如果僅僅是在這個層面上尋找愛情、感受愛情，就很容易迷失，不知道真愛，也許最後只能沈溺於慾望的刺激，永遠都不會有幸福的感覺。這種低層次的情感滿足是遠遠不夠的，導致需求壓力，甚至會無法釋放而造成更多的心理障礙。比如縱慾的人更容易得神經症，更可能吸毒或自殺。只有將情感體驗深化，才能夠豐富人生。

可以分析一下，她對他的感情來自哪裡。首先，她在和他待在一起的時候，會覺得特別自在，也喜歡和他在一起，但這不意味著更深的感情。好友，物以類聚，沒有性別障礙。我相信她的同事是喜歡她的。很多時候，這種喜歡是文化、個性和行為方式的綜合。他多和她在一起，接觸多，並且體貼、照顧她，也都出自這種喜歡。這樣的吸引力對於雙方都存在。由於他對她的幫助，也許更多是精神的、心靈的幫助，她漸漸對他產生了感情依賴，和他在一起就感覺很好，離開他會若有所失，這是產生了感情，但是仍然不是愛情。

他們沒有理由，也沒有機會相愛。他已經結婚，如果他對家庭負責，她就不會有發展空間，如果他對家庭不負責，她怎麼肯定不是第二個受害者？適合不適合從來都是藉口，人都在變化的過程中，負責的做法就是在做出選擇以後「溺水三千，只取一瓢飲」，不負責的做法才是見異思遷，甚至玩弄感情。

感情依賴是內因和外因共同作用的結果。內因包括人的性格、心理狀態、情緒狀態以及思想認識等。外因包括所有的外部因素，如社會、公司等。在一個陌生的環境，很容易出現感情依賴。由於自身的無助，更需要外界的支援，如果這時候有一個異性出現，對自己關懷照顧，就很容易進入到心靈，產生強烈的依賴。

女孩子的感情依賴更為明顯，不少人甚至認為這就是愛。人在脆弱的時候容易產生感情依賴，比如生活中遇到重大變故，或者感情出現危機的時候，是最容易導致感情依賴的。雪中送炭是最有效的強化友情的方式，特別是精神上的雪中送炭。內向的人也傾向於更多的感情依賴。他們的社交圈子小，對朋友就特別重視，特別是談得來的異性知心朋友，難以放開，其實只要圈子擴大，就會發現這樣的朋友並不少。感情依賴不難產生，而且在一定的條件下，也會激化。

感情依賴對於人的社會生存是有幫助的。無情無義無慾的人，才可能與感情依賴絕緣。但是，我們必須認真面對感情依賴，化解它可能帶來的危害和風險。

沒有那匹馬

許多人下意識中，都希望有那麼一匹馬，牠可以馱著他離開他自己。

羨慕，是渴望成功者最常見的心理之一。對成功者豔羨，渴望自己也和他們一樣成功，可以說這是追求成功原始的動力之一。然而在豔羨之後，不少人卻並沒有踏上理想的成功之路。究其原因，其中一部分人，總是能在對比中，找出成功者在機緣及環境方面超過自己的因素，因而慨嘆：「我沒有那樣的命，努力也白搭。」另一部分人，雖然一直也在追求成功，卻很少傾聽自己內心真正的呼喚，也很少根據自己真實的長短，來確定成功目標，並設計屬於自己的成功之路，而總是「隨潮流」地對成功者盲目模仿。這兩者都反映出一種對自己深深的不負責和不接納。

其實，所有的成功者，都是勇於與自己同行的人。這首先意味著要發展對自己全面檢視的「自知力」——你到底要什麼？怕什麼？你是何人？身在何處？該立何志？然後無可挑剔地將自己的長處與短處、境遇與需求、侷限與發展等全然承擔起來，將在成長過程中所必須經歷的脆弱、孤獨、惶惑全然承擔起來。所有的成功者，都伴隨著對自己的開放和責任，唯有這份開放和責任，才會讓你找到一種來自生命深處的力量。

要全然承擔，關鍵是必須學會獨立承擔。人無疑是一種群體的存在，但作為生命體驗來說，更是一種個體的存在。所謂獨立承擔者，就是勇於斬斷對他人的心理依賴，就是在追求成功的過程中，當遇到困難與痛苦時，要意識到有時哪怕是你最親近的人，也無法幫你走出這一困境，你的問題只能是你的問題，必須由你面對與解決，而且必須首先從你自身去尋找戰勝它的力量。事實上，戰勝困境、打開新路的力量，從根本上，只能來自於你的生命自身。

世上永不會有那匹可以馱著你離開自己的馬。你可飛到天邊去，卻飛不出那層薄薄的皮膚。你還是你，環境還是環境，他人還是他人。成功者固然可以昭示你怎樣成功，卻無法代替你追求成功。唯有敢於與自己同在、明白自己是自己理想伴侶，並責無旁貸地把自己全然承擔起來的人，才會找到屬於自己的那份成功。

PART 4
躍出情緒黑洞

第二十九節 焦慮

焦慮已是當今文明社會的一大公害，預計隨著社會結構、社會關係以及人們價值觀念的變化，人們將會有越來越多的焦慮。

引起焦慮的原因

人們為什麼面臨如此眾多的焦慮，我們必須從自然界、社會、人的心理及認識活動以及人格特徵來分析，這些因素可以概括為：

（一）在工作、生活健康方面均追求完美化

稍不如意，就十分遺憾，心煩意亂，長吁短嘆，老擔心出問題，惶惶不可終日。應該「知足常樂」、「隨遇而安」，絕不作追名逐利的奴隸，為自己設置太多精神枷鎖，過得太累，把生命之弦拉得太緊。

（二）沒有迎接人生苦難的思想準備，總希望一帆風順平安一世

其實不然，正如宇宙的自然規律一樣，人生自始至終，都充滿了矛盾，絕無世外桃源。人一降臨人間，就會面臨生老病死苦的磨難。沒有迎接苦難思想準備的人，一遇矛盾，就會驚惶失措，怨天尤人，大有活不下去之感。其實，「吃得苦中苦，才能甜上甜」，要學會解決矛盾並善於適應困境。

（三）意外的天災人禍

會引起緊張、焦慮和失落感，或絕望，甚至認為一切都完了，等待破產、毀滅或死亡。建議你正視現實，不低頭，不信邪，昂起頭，掙扎著前進，災難是會有盡頭的，忍耐下去，一定會走出暫時的困境。有時往往會「山窮水盡疑無路，柳暗花明又一村」，出現「絕處逢生」的局面。有時乍看起來是件禍事，過後說不定又是一件好事。

（四）神經質人格

這類人的心理素質不佳，對任何刺激均敏感，一觸即發，做出不相應的過強反應。承受挫折的能力太低，自我防禦本能過強，甚至無病呻吟，杞人憂天。他們眼中的世界，無處不是陷阱，無處不充滿危險。

焦慮的解除辦法

（一）自我鬆弛法

在生理上，焦慮是與肌肉緊張相關聯的。如果你使自己的肌肉得以放鬆，那麼，軀體的放鬆也會令精神有所放鬆，焦慮則無處立足了。

（二）肌肉放鬆法：共分以下四步驟

第一步，要使肌肉放鬆，先須讓肌肉處於過度緊張狀態。先是軀幹：頭部下縮，雙眼微合，雙肩上聳，如縮頭烏龜狀，感到很緊張後，放鬆頭及雙肩，然後將頭慢慢作逆時針轉動八圈，再按順時針轉八圈。做完後，須靜靜地躺在床上。

第二步，也是先緊張後放鬆。這次是腿：將右腳繃直抬高，腳尖繃緊直到不能堅持，然後完全放鬆地讓腳落在床上。接著抬起左腳進行與右腳相同的練習。切記要把全部注意力都集中在繃緊的那條腿上，想像從足尖到髖部都非常緊張，這樣才有可能達到肌肉放鬆。

第三步，同上，這次是手臂：右手上舉，握緊拳頭，繃緊手臂肌肉，同時集中注意力想像手臂非常緊張，當感覺很累的時候，讓手完全放鬆地落在床上。然後左手也做同樣的練習。

第四步，眼睛的放鬆：在左臂放下後，雙眼仍保持微合，想像頭頂的天花板上有個圓圈，直徑大約四公尺。想像著視線按順時針方向繞圓圈轉八圈，然後按逆時針方向轉八圈，要慢慢地轉動。完成以後，再想像一個邊長大約為四公尺的正方形，同樣順著它的邊做一遍。

（三）一時放鬆方法：這是一種應急的方法

一旦你感到焦慮，可按以下三步驟去做：

第一步，深深地吸一口氣，然後迅速吐出。這個過程能使肌肉很快地放鬆。

第二步，不斷暗示自己「放鬆、放鬆」。

第三步，把注意力集中在有趣的事物上停留幾分鐘。

完成這三步之後，可返回引起焦慮的問題，如果仍然感到焦慮，再重複這三個放鬆步驟，直到焦慮紓解。這個方法十分簡單，無論是在假想情景還是實際情景中，都可以多次重複練習。

（四）認知重構法

認知重構法實際上是一種綜合療法，分以下三個步驟：

第一步，改變態度。焦慮症患者不敢面對人生，把世界想像得過分危險可怕。

因此，首先應該做到改變生活的態度。焦慮症患者慣常的態度可能是這樣的：

時光飛逝如電，我離死亡越來越近。
命運決定一切，我放棄自由選擇的權利。
世上人心險惡，我注定是孤立無援的。

這些態度都過分消極悲觀，如果不從根本上加以改變，焦慮症便無法根治。你應將原有的消極態度變為積極態度。例如：

時光飛逝如電，我要珍惜現在的一分一秒。
命運無法知曉，我有權自由選擇我的生活。
世上人心不易溝通，只要心誠定會得到幫助。

你把這些改變後的積極態度記下來，經常讀一讀，進行自我強化。

第二步，挖掘病因。採用前述自我精神分析法挖掘焦慮的病因。認識到病因後，你必須正視它，然後努力用言語表達出來。這個小小的技巧實際上是使焦慮症的潛意識衝動，上升到意識的層次上，然後進行有意識的控制。

第三步，矯正行為。採用模仿、強化、幽默、自我建設性暗示等方法，對焦慮進行行為矯正。

模仿的主要對象是你生活中的強者。你如果很容易焦慮，那麼和一個幽默、瀟灑的人在一起，無形中你會受他言行的感染。你還可以模仿強者的為人處世方式，甚至可以向他們取經，瞭解他們戰勝焦慮的訣竅。

強化則是對你的積極性行為進行自我鼓勵，或尋求他人的鼓勵。主要應從自我建設性暗示入手。過去焦慮時，你不正確的行為反應使焦慮得到了強化。例如：

我太痛苦了，我要死了。

這個工作我一定會失敗的，毫無希望。

現在，你應採用建設性暗示有效地抑制焦慮。

我現在確實很痛苦，但解決困難都得有這麼一個過程，應努力調整自己，戰勝困難。

這個工作可能失敗，但失敗是成功之母，何況並非沒有一絲成功的希望。

原來的不良自我暗示往往是無意識的，而現在的良性暗示則是有意識的，富有建設性的。這樣的建設性暗示還有許多，將它們寫出來、記住並不時提醒自己。

（五）冥想

於寧靜處坐或站，閉眼，肌肉和意念放鬆，集中想像力於一束鮮花、一處自然美景或回憶愉快的往事。漸導致心曠神怡，焦慮消除。

（六）氣功

太極拳，瑜珈術，皆可在練功過程中入靜，也可以消除焦慮。

（七）藥物

對抗焦慮的藥物是各類定安劑，但只有在醫師指導下用藥，才是安全有效的。

第三十節 緊張

隨著生活節奏的加快，競爭意識的加強，人們普遍有一種緊迫感、危機感，心理壓力加大，容易出現精神緊張，影響了工作和學習。因此，瞭解一下精神緊張產生的根源，學會合理調適精神緊張水平，這對於我們在競爭的社會中，盡快適應改革的環境，提高工作學習效率，還是大有益處的。

怎樣解除緊張情緒

過度精神緊張給人身心健康帶來的威脅是明顯的、嚴重的，那麼，應怎樣做才能解除人的過度精神緊張，而達到心理平衡呢？

提出合理的期望水平。俗語說人貴有自知之明，每一個人都應對自我有一個客觀的評價，正確地分析自已的優勢與不足，據此提出適合自已的合理期望，不要事事想成，也不要每一件事都要求完美。各行各業的能手之所以能成功，就是因為他們認識到了自我的優勢，並根據優勢提出合理期望。其實，我們每個人都可以做到這一點。

（一）保持幽默感

我們每個人都應活得輕鬆些，尤其當自己身處逆境時，要學會超脫，所謂「來日方長」，要看到生活好的一面，無憂無慮，自得輕鬆。

（二）對自己說「我行」

做任何事都不要怕失敗，因為只有自信才會使你抓住成功的機會。要善於挖掘自身的潛能，改善原有的認識結構和行為模式，以提高自己對周圍環境的適應性和調節能力。克服自卑心理，因為生活中一個自我感覺強大的人，要比一個自我感覺渺小的人精神負擔要少得多。

這裡所說的自信不是狂妄自大，也不是自以為是，而要學會自我控制。如果只指望他人把事情辦好，或坐等他人把事辦好，就可能使你處於被動地位，也可能成為環境的犧牲品。因此，辦任何事情，首先要相信自己，依靠自己，不要將希望寄託於別人，否則將坐失良機，產生懊喪心理，加重精神緊張。

（三）當機立斷

死守著一個毫無希望的目標，不論對你自己，還是對你周圍的人，都會增加心理壓力和精神緊張。一個聰明人一旦打算完成某項任務時，就應馬上做出決斷並付諸行動。當他發現已做的決定是錯誤的，就應立即另謀辦法。優柔寡斷，會加劇精神負擔。

（四）養成寬容的習慣

古人說得好：宰相肚裡能撐船。只有心胸似海的人，才能有效地控制自己，特別是在挫折面前表現出大度。我們不應一遇挫折就自怨自艾，或在別人身上洩忿。大事不應糊塗，但小事不妨糊塗些，做個「難得糊塗」的人，這樣，你會生活得比以前更輕鬆、愉快。

（五）建立支持系統

人生之路並非全是坦途，生活中每個人都會遇到這樣那樣的麻煩，每個在困境中的人都希望得到別人的幫助，因此，這要求我們必須建立相互支持系統。它可為你在挫折時提供良好的情感支持，令你減少孤獨或緊張。你的親友、同學、同事、鄰里，都可成為你的支持者。在這個人際圈當中，你要得到別人幫助，就先要多去關心別人，而且關心別人還會使你有一種美好的感受。與周圍的人建立友誼，可以增加來自外界的支持和幫助，從而減輕精神緊張。不要害怕擴大你的社會影響，這樣有助於你尋找應付緊急事件的新管道。據美國科學研究人員在對二千七百多人進行為期十四年的跟蹤研究後指出，幫助別人有助於免除精神緊張，這就很能說明這個道理。

（六）走出封閉的自我

自我封閉有兩種。一是以自已為圓心，多是自卑心重或曾受到大的挫折，這只要加強自信、正視現實，就會逐步邁出自已編織的小圈子；二是以別人為圓心的自我封閉。有些人是為別人而活著，有的為父母，有的為兒女，有的為家庭，有的為事業等等。雖然我們不走出去，做你喜歡的事，你將發現外面的世界的確很精采，你的緊張、煩惱也將隨風消散。

（七）宣洩、抒發

經常處於精神緊張狀態，累加起來，可能會吞噬掉我們健康的機體。我們需要對人訴說自己的感受，哪怕這樣做改變不了多少事情。向誰訴說，取決於想要說的內容，必須選擇合適的訴說對象。記住，絕對不要將不愉快的事情，隱藏在自己的心裡。

（八）以仁待人

當別人身處困境時，應樂於助人，在這種時刻，他們最需要你去傾聽他們的訴說，需要你給予幫助。俗話說，善有善報，如果你有朝一日也出現某種危機之時，如果對方是一位真誠的朋友，他也會來幫助你的。

（九）靈活一些

我們要完成一件工作，可能有許多方法，你自己的那種方法不一定是最好的，或者雖然是最好的方法，但不一定行得通。如果你總認為事事都必須按你的想法去做，那麼，當事物不按你的想法發展時，你就會煩惱生氣。其實，你的目標只應是把事情辦成，至於方法，不必拘於某一種。

第三十一節　抑鬱

抑鬱是人們常見的情緒困擾，是一種感到無力應付外界壓力而產生的消極情緒，常常伴有厭惡、痛苦、羞愧、自卑等情緒。對大多數人來說，抑鬱只是偶爾出現，歷時很短，時過境遷，很快就會消失。但對有些人來說，則會經常地、迅速地陷入抑鬱的狀態而不能自拔。當憂鬱一直持續下去，愈來愈嚴重以致無法過正常的日子，即稱為憂鬱症。

精神上的流行性感冒

在人的一生中，有三個時期較易得憂鬱症，即青春期的後段、中年及退休後，老年人也較常出現憂鬱症。憂鬱的類型有兩種：一種是由於精神上受到打擊而出現的過度反應；另一種並沒有特別的原因。

根據世界衛生組織統計，全世界有百分之三的人口患有憂鬱症。

測試題——你抑鬱嗎？

如果你持續兩個星期以上，表現出以下五個或以上的症狀，你就需要就醫或拜訪其他心理健康專家：

- 持續的悲傷、焦慮，或頭腦空白。
- 睡眠過多或過少。
- 體重減輕，食慾減退。
- 失去活動的快樂和興趣。
- 心神不寧或急躁不安。
- 軀體症狀持續對治療沒有反應。
- 注意力難以集中，記憶力下降，決策困難。
- 疲勞或精神不振。
- 感到內疚、無望或者自身毫無價值。
- 出現自殺或死亡的想法。

當然，大多數的人只是輕微地感到憂鬱，還達不到抑鬱症的嚴重程度。但這時也需要引起重視，調整心態和生活方式，防止抑鬱變得更加嚴重。

抑鬱症在西方社會被稱為「精神上的流行性感冒」，其傳播範圍之廣，受其影響之容易，可以從「流感」二字看得出來。在東方社會，抑鬱症也並不少見，尤其是中國人，性格內向，往往真實思想不願暴露，寧願被抑鬱情緒折磨，也不願向精神病專家進行心理諮詢。如此發展下去，會由抑鬱情緒跨入抑鬱症患者的行列，有的人便以自殺了結。

憂鬱症的表現

有些憂鬱症患者傾向於退居人群之外，他們對周遭的事物失去興趣，因而無法體驗各種快樂。對他們而言，每件事物都顯得晦暗，時間也變得特別難熬。通常，他們脾氣暴躁，而且，常試著用睡眠來驅走憂鬱或煩悶，或者他們會隨處坐臥、無所事事。大部分人所患的憂鬱症並不嚴重，他們仍和正常人一樣從事各種活動，只是能力較差，動作較慢。

除出現憂鬱外，尚有身體上的變化，常見的症狀有：

・在吃、睡及性方面會失去興趣或出現困難。

・對外在事物漠不關心。

・消化不良、便秘及頭痛。
・與現實脫節。
・無故而發的罪惡感及無用感。
・幻想。
・退縮。

憂鬱症還會引起顯著的精神方面的症狀，主要包括：

・嚴重頭痛。
・胃痛或噁心。
・呼吸問題。
・慢性頸痛、背痛。

很多時候，憂鬱症的一些輕微病症，如疲勞、失眠、腸胃不適、持續的頭痛及背痛等等，可能被誤解為其他疾病。

此外，憂鬱症的症狀還包括慢性疲勞症候群，失眠或經常睡覺且睡眠時間過長、失去食慾，結腸毛病，便秘或腹瀉。

憂鬱症患者說話少且音調低、速度慢、動作少且慢、嚴重時僵呆，但有時出現急躁行為，甚或自殺行為。

患者常常會感到人生空虛及毫無意義，許多患者甚至會想到以死來求取解脫。

哪些人常患憂鬱症

憂鬱症常見於：

- 婦女患有憂鬱症的可能性是男性的兩倍。
- 每年有一千一百多萬的女性患上臨床憂鬱症。
- 憂鬱症是導致女性患病的最主要因素。
- 憂鬱症在育齡婦女中最為常見，但是任何年齡的人，都可能患上這種病症。
- 憂鬱症和許多生理疾病相關。
- 患有其他疾病，比如心臟病、中風、癌症及糖尿病的患者，憂鬱症的發病率更高。
- 憂鬱症患者在醫療檢查、約見醫生、醫療門診電話諮詢等所占的比例相當的大。

許多時候，人們並不會因為憂鬱症向醫生求助，而是注意到其他一些症狀，比如精神不振、食慾、體重和睡眠方面的變化等。經過仔細識別，我們可能會意識到這是憂鬱症的表現和症狀。

消除抑鬱的方法

長期憂鬱會使人的身心受到損害，使人無法正常地工作、學習和生活。但也不需要過分擔心。經過妥當的調適後，大多數人都可以恢復正常、快樂的生活。

你可以參考下面介紹的一些方法：

（一）自己調節情緒，逐步改善心境，從而使生活重歸歡樂。

首先應該停止對自身及周圍世界的埋怨，明確自己的認知錯誤來源於以感覺作依據來思考問題。因為感覺不等於事實。每當你焦慮抑鬱時，切記以下幾個關鍵的步驟：

第一步，記錄：瞄準那些自然消極的想法，並把它們記下來，別讓它們佔據你的大腦。

第二步，反思：讀一遍本文提及的幾種認知扭曲的模式，準確地找出你是怎樣曲解事實的，一定要擊中要害。

第三步，改變思維方式，調整心態。

用更為客觀的想法取代扭曲的認知，徹底駁斥那些讓你自己瞧不起自己、自尋煩惱的謬論。一旦開始這些步驟，你就會感到精神振奮，自尊心增強，無價值感就會煙消雲散。

要客觀評價自己和他人——不妄自尊大，更不妄自菲薄，看清自己的長處，建立自尊，增強自信。不盲目地把自己和別人做比較，不管別人是否比你得到更多的好處，你都不要在意，重要的是自己的感覺。

要看到事物的光明面——不把事物看成是非黑即白，遇到不愉快的事，要從好處和積極方面著想，以微笑面對痛苦，以樂觀戰勝困難。

轉換不愉快的記憶畫面人的頭腦對畫面的記憶遠勝於文字及言語。為什麼過得不快樂？是因為腦海中有不愉快的畫面。所以，修改腦中畫面，創造活力，就是決定我們幸福人生的關鍵。一些不愉快的畫面，你可以重新定義，發掘裡面的主角配角種種可笑虛偽之處，重新的詮釋定義，有助於情緒的轉換。

（二）制定切實可行的日常活動表

每天結束後填寫回顧、分析日記，既能使你擺脫不願活動和不想做事的處境，又能給你帶來活動後的滿足，逐步消除懶怠與內疚。

目標合理——有位因車禍而致殘的年輕人問心理學家：「你認為我還有前途嗎？」心理學家回答道：「如果你想當個跳高運動員的話，那是沒有前途了；如果你想做個有作為的人的話，那就還大有前途。」就這位不幸的年輕人而言，他合理的生活目標，已經在意外中突然改變了。如果他以當運動員為生活目標的話，那他一定會非常的憂慮，因為他再也不能像正常人那樣的運動了。所以，對這樣的人而言，重新建立合理的生活目標，找一個適合自己而又喜歡的工作，會增加對自身能力的信心，會因看到希望和前途，而重新振作起來。

（三）學會自我稱讚，自我欣賞，培養自信，坦然對待不良刺激，以保持情緒穩定，心境良好。

如果你充滿信心，「結果」就會朝好的方向走。有位成功人士說過這樣一句話：「如果你知道要往哪個方向去，世界會為你讓出一條路來！」

當然，矯正不合邏輯的思維方式，改變錯誤的自責自罪觀念，不是輕而易舉的事。但一旦你對周圍事物和自己做客觀的分析後，對現實生活就有了正確的領悟。那麼，你將置身於一個充滿積極向上情感的世界中，心情會豁然開朗。儘管生活中還存在著這樣和那樣不盡如人意之事，但不會由於一時的認知偏差，造成感情挫傷，失去對生活中美好意境的追求。

（四）擴大人際交往

悲觀的人周遭大部分都是悲觀者，而樂觀的人身邊亦多為樂觀者，因此要想改變命運，你必須要和樂觀者學習。不要拘泥於自我這個小天地裡，應該置身於群體之中，多與人溝通，尤其多和精力充沛的人相處。

（五）學會宣洩

要善於向知心朋友、家人訴說自己不愉快的事。當處於極其悲哀的痛苦中時，要學會哭泣。另外，多參加文藝活動、寫日記、寫不寄出的信等等，都可以幫助消除心理緊張，避免過度抑鬱。

（六）好的生活習慣——盡可能地使生活有規律

規律與安定的生活，是憂鬱症患者最需要的，早睡早起，按時起床就寢、按時學習、按時鍛鍊等等有規律的活動，會簡化你的生活，使你有更多的精力去做別的事情，保持身心愉快。而多完成一件事，就會使人多一份成就感和價值感。

（七）陽光及運動

多接受陽光與運動，對於憂鬱症病人具有利的作用，多活動活動身體，可使心情得到意想不到的放鬆，陽光中的紫外線，可或多或少改善一個人的心情。

（八）藥物療法

使用的是抗憂鬱劑，如果一旦出現了抑鬱症，我們應該找專門的精神科醫生進行治療，依照指示服藥，不可以諱疾忌醫，以免貽誤病情。而且藥也不要好了就停，要繼續服藥直到完全好了為止。同時，也不要和其他藥物混合使用，否則可能會產生危險的副作用或降低藥效。並且加上心理治療。心理治療可以讓我們學會更多處理生活問題，及修正性格的有效方法，但不能忽視藥物的作用。因為藥物及時有效的作用，可以改善很多人在患病的急性期可能會有的自殺念頭和行為，這種想法一旦實現，後果不堪設想。然而不幸的是，很多憂鬱症患者基於各種因素，沒有定期檢查或放棄治療。

（九）飲食療法

吃醣類食品對腦部似乎有安定的作用，蛋白質則可提高警覺性。要多吃含有必需脂肪酸或（和）醣類的蛋白質的食物，鮭魚和白魚都是好的來源。避免進食富含飽和脂肪的食物、豬肉或油炸食物。脂肪會抑制腦部合成神經衝動傳導物質，並造成血球凝集，導致血液循環不良，尤其是腦部。

所以，儘量讓自己的飲食可以綜合醣類和蛋白質這兩種營養素，讓腦部活動達到平衡。比如，選用全麥麵包製作火雞肉三明治，就是一種很好的綜合食品。如果你感到緊張而希望能夠振作起精神，則可以多吃蛋白質。有憂鬱傾向者，不妨嘗試攝取富含蛋白質和多醣類的食物，例如火雞和鮭魚，對提升精神狀態會有所幫助。

抑鬱和抑鬱症通常是由輕度演變為重度，如果在輕度憂鬱的時候，可及早發現及早調整和治療，效果通常會比較好，且治療時間可縮短。因此，大家都要仔細觀察與主動關心周圍的人和朋友，必要時要求助於心理醫生等專業人士，服用藥物控制病情，以免耽誤，造成不良後果。

杜絕和預防憂鬱症

憂鬱症使人覺得疲累、無力、人生沒有意義、絕望，甚至會想要放棄生命。但是，這些負面的想法只是疾病的一部分，它會隨著治療和效果而消失，如果你想要盡快脫離或避免加入憂鬱症的行列，請牢記以下各大要點：

（一）不要訂下難以達成的目標，或承擔太多責任。

（二）把巨大的任務區分成好幾個小項目，分優先順序，盡力而為。

（三）不要對自己期望太高，這將會增加挫折感。

（四）設法和別人在一起，避免經常獨處。

（五）參與能夠使你歡愉的活動。例如：輕鬆的運動、打球、看電影、參加宗教活動或社交活動，不要太勞累。

（六）不要做重大的決定，例如轉行、轉業或離婚，專家建議把重大的決定延到憂鬱症的病情改善為止。

（七）不要期望憂鬱症會突然變好，這種情況很少見。盡量幫助自己、寬待自己，不要因為未能達到水準以上的表現，而責備自己。

（八）切記不要接受負面的想法，它只是病情的一部分，會隨著治療而消失。

（九）當你自己覺得憂鬱的現象日趨嚴重時，不必害臊，要立刻去找心理醫生或精神科醫生。

（十）家人或朋友出現憂鬱的現象，且日趨嚴重時，要鼓勵他們去看心理醫生或精神科醫生。

（十一）如果出現輕微的憂鬱，休個假、享受自己的嗜好、從事劇烈運動或宗教活動，通常可以得到改善。

（十二）愈早治療，效果愈好。

（十三）要慎防自殺或殺人的舉動。

第三十二節 厭倦

厭倦情緒從何而來

一般說來，厭倦情緒來自於以下三個方面：

（一）工作狂

有些人上班工作只知道拼命做。一開始在晚上加一至二個小時班，不久便整星期地加班，最後連周末也成了辦公時間。實際上，工作成了霸佔他全部光陰的蠻橫客。這類人除了工作，幾乎沒有任何社交活動，這樣時間久了，不免開始對自己的工作產生反感。

（二）做的工作或目前的生活方式自己不喜歡

每天面對自己不喜歡的工作，還得拼命完成它，就算薪水不錯，但時間久了，你不感到厭倦才怪呢！

（三）人際關係不良

有的人每天早晨一想到上班就害怕，部分原因是因為與周圍同事相處不好，這時心裡就會想：「這種看別人臉色的日子，真讓人厭倦。」

不再厭倦的方法

和厭倦說再見的方法有：

（一）重建理想

考慮清楚有關自己理想職業的每一件事——從工作形式到工作環境，然後確定自己所追求職業的標準或目的。具體方法是，可把所追求的理想職業劃分成盡可能短的各階段。

如果發現自己目前離理想比較遠，你就必須尋找一條能幫助自己達到較高理想的成長之路。你可以先在較低的職位上工作，做好本職工作，學會愛自己的職業有百利而無一弊，然後找機會進修。最低限度也要找出妨礙你日後發展的不利因素，加以改進。差距太大時，不能太好高騖遠，要先分段實現目標。切記，循序漸進是改變不稱心工作的最好方法。

（二）尋找工作外的成功

尋找一些自己喜歡的消遣活動，培養業餘愛好。把自己的愛好和業餘活動當作本職工作一樣認真對待，並同樣引以為豪。這有利於拓寬視野，改善心情；還可以陶冶情操，增進個人修養。

今天，許多人只把來自辦公室的成績看成真正的成功，結果這些人唯有事業上春風得意時，才會沾沾自喜，而一旦工作遇到麻煩，就感到羞辱不堪。如果你把自尊也繫於你的職業努力之外，工作中受挫時，就容易保持一種平衡的態度。

（三）改變對待他人的態度

如果你每天早晨一想到上班就害怕，是因為你與周圍同事相處不好的話，雖然你不喜歡與他們一起工作，但最低限度，也應該和他們積極相處。當你在電梯裡對人微笑時，別人也會報以微笑，在辦公室也是如此。假如你對周圍一切都心存厭煩——厭煩你的工作、你的主管——你就更要用一種積極方式與人交談，談些你喜歡的事，至少你可能會找到與同事的某些共同點。

（四）熱情

美國文學家愛默生曾寫道：「人要是沒有熱情，是做不成大事業的。」

大詩人烏爾曼也說過：「年年歲歲只在你的額上留下皺紋，但你在生活中如果缺少熱情，你的心靈就將佈滿皺紋了。」

人們有了熱情，就能把額外的工作視作機遇，能把陌生人變成朋友，能真誠地寬容別人，能愛上自己的工作，不論他是什麼頭銜，或有多少權力和報酬；人們有了熱情，就能充分利用餘暇來完成自己的興趣愛好，如一位主管可成為出色的畫家，一個普通職員也可成為一名優秀的手工藝者。

人們有了熱情，就會變得不再厭倦，心胸寬廣；就會變得輕鬆愉快，甚至忘記病痛。當然，還會消除心靈上的一切皺紋，重新找回對生活的熱愛和動力。

第三十三節　孤獨

現在有許多新人類抱怨身邊沒有多少真正的朋友。對這些人來說，與某些人進行坦誠交往的需要不能滿足時，將產生強烈的孤獨感。從這個意義來說，孤獨是一種個人的體驗。儘管每個人都會感到孤獨，而且，孤獨感的來去隨著環境的變化而變化。

孤獨感已成為現代人的通病

多數人都體驗過孤獨的痛苦。有關統計資料顯示，孤獨感已成為現代人的通病。心理學家估計隨著社會變得越來越富有，這種對孤獨感和人與人之間關係的關注，將繼續增長。

孤獨和孤立的含義是不同的。孤獨是個體對自己社會交往數量的多少和品質好壞的感受。對孤獨感的這種界定，能幫助我們理解為什麼有些人雖然遠離人群，生活卻感到非常快樂，而一些人儘管被人群所包圍，而且經常與他人交往，卻體驗著孤獨。

測試題——你孤獨嗎？

根據每個句子是否準確地描述了你或你的情況，指出「是」或「否」。如果某個題目因你目前還沒有捲入這種情況而不適用，就答「否」。

1. 我對家人感覺親近。
2. 我有一位能與我討論我的重要問題和煩惱事的戀人或配偶。
3. 我覺得自己確實與生活於其中的更大團體沒有多少共同點。
4. 我很少接觸家人。
5. 我與家人相處得不好。
6. 我正捲入一種戀愛或婚姻關係，雙方都衷心努力合作。
7. 我與直系家族中的多數成員有不錯的關係。
8. 我認為當需要時，我不可能向生活在周圍的朋友求助。
9. 我生活的團體中沒有人關心我。
10. 我讓自己去親近朋友。

11. 從戀人和丈夫那裡，我很少得到所需的安全感。
12. 我對生活中的團體及街坊有歸屬感。
13. 在我居住的城市中，我沒有許多朋友。
14. 當我需要時，沒有任何鄰居會幫我。
15. 我從朋友那裡得到許多幫助和支持。
16. 我的家人很少真正聽我講話。
17. 只有少數朋友以我希望被理解的方式來理解我。
18. 當我有麻煩時，我的戀人或配偶能感覺到並鼓勵我說出來。
19. 我覺得在目前的戀愛或婚姻關係中，自己有價值並被重視。
20. 我知道團體中誰理解及分享我的觀點和信念。

計分：當你的答案和下面的「各測量表的題號及答案」相一致時，就加一分。

（一）友誼測量表：8——是；10——否；13——是；15——否；17——是

（二）家庭關係測量表：1——否；4——是；5——是；7——否；16——是

（三）戀愛——婚姻關係測量表：2——否；6——否；11——是；18——否；19——否

（四）更大群體關係測量表：3——是；9——是；12——否；14——是；20——否

各測量表的平均分數通常為五至六分，分數越高顯示孤獨程度越高。分別計算四個表的得分，你會發現生活中，哪個方面你最有孤獨的困難。

健康的孤獨——寂寞

毫無疑問，有的人天生就需要獨處的時間比別人長一些。而且在跟上匆匆的時代腳步的同時，我們發現會逐漸在各種各樣的熱潮中迷失自己。出國熱，買房熱——我們拼命地賺錢，消費，再賺錢——弄得身心疲憊。什麼才是我們所追求的？這時候，我們更要能經常保持一份置身事外的旁觀者的冷靜，才可以知道真正的方向。

其實放眼整個人生，孤獨本身無所謂好壞，它只是一個無法輕易迴避的人生問題和哲學命題。安東尼．斯托爾說：「倉促的世界使我們逐漸感到厭倦，相對的孤獨是多麼從容，多麼溫和。」在他看來，孤獨並不是壞事，因為這樣可以使他個人的精神世界不被世俗侵犯，他可以用他願意的節奏和方式去生活。

孤獨並不可怕，可怕的是對什麼都沒有興趣。能夠對一件事物熱衷地去愛好，去鑽研，而不願把時間浪費在其他任何一件事情上的人，他不但不怕孤獨，有時，反而喜歡孤獨。

請聽有人是如何來形容寂寞的：

寂寞於我來說，是陽春白雪；是曲高和寡；是獨自品嘗的自我；是不能和人說的自我斟酌。

寂寞屬於藍色，但不都是憂鬱和孤獨。

寂寞的時候，應該像藍色般寧靜，也許這就是所謂的寂寞深處。

寂寞的時候，是思考的時候。因此，寂寞也就有了它的深刻的內涵。這時候的你，像披著一層輕紗，是世界上最美麗的公主或王子。就連上帝都為之妒忌，因為他只知道怎樣創造了人的軀體，而只用神的語氣來代替了人的思想。

你，因寂寞而美麗。

孤獨又是什麼呢？

孤獨是對話，是與自己的對話。而當這種對話進行時，你會完全忘了自己，似乎這對話是駕馭於兩股憑空的思緒之上。

孤獨是思考。望著自己裸露的身軀，我時常想瞭解這皮囊下的祕密，幻想茫茫宇宙中的未知，和那些不可捉摸的絕對精神。

孤獨是寧靜。遠離世俗，獨自靜默在夕陽餘輝之下，望著依然遙遠陌生的天空與偶而閃動的生命——生活不過如此。

超越孤獨

雖然孤獨是每個人都常有的心理體驗，但並不是每個人都能成功地戰勝自己的孤獨感。有人用喝酒排遣孤獨，有人把時間排得滿滿檔檔，讓孤獨的感覺無處插足。但用這樣的方式驅走的是寂寞，而不是孤獨。孤獨是一種思想上、情感上無以溝通、無倚無傍、無人理解與認同的感覺。這種感覺會讓我們心情抑鬱，情緒低沈；另一方面，對孤獨的體驗和玩味，也會使我們富有個性、善於思索，走向心理成熟。這就需要我們戰勝孤獨，超越孤獨。

（一）對孤獨的認同和接納

孤獨是每個人心理成長過程中，不時光顧的朋友。從未感受到孤獨的人是不健全的。當人感受到孤獨時，一般心情都是低調的，此時，如能靜下心來，細細梳理自己的情感，審視自己的內心世界，在走出孤獨的同時，也會伴隨著人生的思索和昇華。

（二）調整心態

自信、自立、自強，是戰勝孤獨的三件法寶。因為自信，你就不一定非從他人那裡尋求對自己的肯定；因為自立，你將漸漸具備獨立決斷的能力，這將使你從柔弱變得堅強；因為自強，你將把更多的精力用在刻苦學習、努力拼搏上，而不是總在考慮孤獨這個問題——既然這個問題本就不容易想清楚，為何不把它先擱置一邊？它並不是個大是大非的問題啊！

（三）改變認知方式

許多人的孤獨感是與自卑聯繫在一起的。因為害怕不被人理解，害怕與別人不一樣，害怕難以融入周圍的世界，所以感到孤獨。這是自卑心理造成的孤獨狀態。自卑心理大多源於歪曲和片面的自我認識。當我們懷著一種自信和平等之心與人相處時，就會在交往中少一些疲憊和牽強，多一些輕鬆和愉快。

（四）要戰勝孤獨，就要學會為別人著想，為別人做一些事情

全心照顧孩子的母親不會感受到孤獨，熱戀中的情侶即使天各一方也不會孤獨，因為他們的心思都不在自身。只要花一些時間和精力關心別人，就會在互動中，體驗到一種自我價值感而不是孤獨。溫暖別人的火，也會溫暖自己。

（五）要從根本上超越孤獨，還要確立正確的人生目標

一個有所追求、有所愛的人，是不懼怕孤獨的。有了明確的人生目標，就會多一些寬容與豁達，就會慢慢培養出淡化得失的心情，就會戰勝孤獨、超越孤獨。

第三十四節　空虛

空虛是一種病，是一種危害健康的心理上的疾病，是指一個人沒有追求，沒有寄託，沒有精神支柱，精神世界一片空白。精神空虛所導致的「生命意義缺乏症」，對個人、家庭及社會的危害，不容小覷。

長期的空虛感是病態的

我們所經歷的各種情緒中，就以「空虛感」最無以名狀且捉摸不定。

一個中學生說：「每天，我照常地學習、生活，但總覺得心裡好像有點不對勁，似乎我不知道為什麼學習、為什麼生活，常常有一種很空虛的感覺——看看其他同學，學，學得有勁；玩，玩得瀟灑。但我卻學也學不踏實，玩也玩不痛快，感覺什麼都無聊，什麼都沒意思。這種情緒讓我整天百般無聊，心緒懶散，寂寞惆悵卻又不知該怎樣解脫。怎麼別人就能過得那麼充實，而我自己就那麼空虛呢？」

時下人們在交往時常會聽到：「算了，就這樣，沒啥可說了！」，「做什麼都不順心，就這麼混吧，還能做什麼呢？」，「唉，人老了，不中用了，腦子空空一片」等話語。這是一種空虛的表現。空虛感就像是心裡面的黑洞，具有超強莫大的吸力，一旦被捲進了黑洞，整個人也就被空虛感所縛。

怎樣不空虛

從心理學的角度看，空虛是一種消極情緒，這是它最重要的一個特點。被空虛所乘機侵襲的人，無一例外地是那些對理想和前途失去信心，對生命的意義沒有正確認識的人。為了擺脫空虛，他們或抽煙喝酒，打架鬥毆，或無目的地遊蕩、閒逛，耽於某種遊戲，之後卻仍是一片茫然，無謂地消磨了大好時光。

有人說，一個人的軀體好比一輛汽車，你自己便是這輛汽車的駕駛員，如果你整天無所事事，沒有理想，那麼，就不知道這輛車要駛向何方，這輛車也就必定會出故障，這將是一件可悲的事情。因此，對待心靈空虛，必須給予心理治療。

（一）面對空虛，最重要的是要有理想

空虛的產生，主要源於對理想、信仰及追求的迷失，所以樹立崇高的理想、建立明確的人生目標，就成為消除空虛的最有力的武器。當然，這個過程並不是一蹴可幾的，但當你堅定地，向著自己的人生目標努力前進時，空虛就會悄悄地離你而去。

（二）面對空虛，還要培養對生活的熱情

我們常說，生活是美好的，就看你以怎樣的態度去對待它。一樣的藍天白雲，一樣的高山大海，你可以積極地去從中感受到大自然的美麗，或者認認真真地學點本領，幫他人做點好事，也能對自己的成功頗感得意，從他人的感謝中得到歡愉。

（三）面對空虛，還要積極提升自己的心理素質

有時候，人們生活在同一環境中，但由於心理素質不同，有人遇到一點挫折便偃旗息鼓而輕易為空虛所困擾，有人卻能面對困難毫不畏縮而始終愉快充實。因此，有意識地加強自我心理素質的訓練，就能夠將空虛及時地消滅在萌芽狀態，而不給它以進一步侵襲的機會。

無論在什麼地方，做什麼事情，遇到什麼問題，都應該沈著冷靜，實事求是地應對一切。人老了，退休了，還可奉獻餘熱；失業了，再求職，作為人生拚搏的第二起點；工作受到挫折，投資失敗了，要吸取教訓，總結經驗，審時度勢，東山再起，將其視為成功的「奠基石」。

（四）要對抗空虛就要看清空虛的本質——就是不存在

這時如能轉移注意力做些「實質」性的活動，如逛街就認真挑選衣物，聚會時就專心與人談話，都可有效驅走空虛感。

（五）認清自己，腳踏實地

常感到空虛的人，很可能是活得不踏實。有些人在生活中懷有不切實際的期望或目標，自己總是在生活中追尋些什麼，而沒有落實到生活本身，如此不免常虛幻不實。要揮別空虛感，就要建立「務實不務虛」的生活態度，能「活在當下」的人，心中是不會有這麼一個黑洞的。

第三十五節　社交焦慮

在快節奏的現代生活中，社會交往日益增多，社會交往的成敗往往直接影響著人們的升學就業、職位升降、事業發展、戀愛婚姻、名譽地位，因而使人承受著巨大的心理壓力。由此產生焦慮，造成心神不寧，焦躁不安，影響其工作和生活。

社交焦慮陷阱

社交焦慮情緒常見的表現有很多種，比如：

（一）著裝焦慮

中青年女性容易產生與化妝或穿著有關的焦慮。簡小姐，女，四十一歲，某商場經理，她說：「一看見別人比自己會打扮，就像敗仗一樣，情緒一落千丈！」

（二）同事焦慮

經濟商專畢業的陳小姐業務能力極強，走到哪裡都得到主管的賞識，她工作三年均在合資公司，但竟然換過六家公司。為什麼頻繁跳槽？其實既不是她不適應業務，也不是老闆炒她魷魚，都是她自己自動離職。原因只有一個，她困惑地對心理醫生說：「我不知道如何與同事相處，為什麼總有人造謠誣衊我？排擠我？向老闆告我的狀？我也沒有做錯什麼，為什麼不能容忍我的存在？我只好逃避。」

（三）談判焦慮

黃先生，某公司副總經理，曾有很好的經商業績，他跟隨總經理到日本談判，因感到自己對當地的風俗瞭解較少，日本話也講不好，因而在商業談判中感到壓力很大。再加上總經理要求嚴格，談判進展不順利，加重了他的心理衝突。

（三）媒體焦慮

趙女士，研究員，由於工作近年來得到社會的關注，各種媒體頻繁地進行採訪，「上鏡」機會很多。但因時間分配問題的衝突，使她對媒體的採訪越來越反感，多次出現與記者的矛盾衝突。經心理測試，發現她患了焦慮性神經症。

另外，還有如親友焦慮、校友焦慮、餐桌焦慮等等。其實，分析一下產生焦慮情緒的原因，無非是來自自卑心理：自我評價過低，忽視了自己的優勢和獨特性。

我們對社交焦慮情緒進行進一步剖析，就會發現如下的特點。

例如，有人做事急於求成，一旦不能立竿見影地取得所謂成功，就氣急敗壞，從精神上「打敗」了自己，這是社交焦慮陷阱之一。

認為自己的表現不夠出色，被別人「比了下去」，丟了面子，於是就自責，自慚形穢，產生羞恥感，這是社交焦慮陷阱之二。

缺乏分元化的觀念，以為做不好的事情都是自己的責任，自己太笨。卻不知一個問題的解決，其實需要多方面的條件，有時是「有意栽花花不開」，反而「無心插柳柳成蔭」，有的人卻常不能接受這樣的現實，認為努力與回報不平衡，便埋怨社會不公平，這是社交焦慮陷阱之三。

實際上，絕大多數的人和事物都是：不好不壞，有好有壞，時好時壞。多側面的特徵各有其特色，怎可用同一標準去衡量？絕對化的評價方式，常常會導致自己總是否定自己，這是社交焦慮陷阱之四。

社交焦慮情緒的自我調節

要排除來自社會的心理壓力所造成的焦慮，就必須改變自己的想法、活法。下面的建議，對於克服社交焦慮情緒是極其有效的：

（一）不要「看著別人活，活給別人看」

要問一問自己的生活目標是什麼？我是誰？我是不是每天有所進步？學會正確認識自己，愉快地接納自己，以自我評價為主，正確對待他人評論。

（二）在社會交往中，讓自己坦然、真誠、自信、充滿生命的活力

充分展現你的人格魅力，就會贏得成功。

（四）鍛鍊人際交往中的親和力

世界已經進入了合作的時代，一個人的人格魅力在智慧、在內心，學會「人合百群」是新世紀社會交往的要求，應摒棄「物以類聚，人以群分」和「酒逢知己千杯少，話不投機半句多」的陳舊觀念。

（五）活得積極自主，瀟灑自在，為自己尋求快樂

焦慮、煩躁等消極情緒，對於解決任何問題都無濟於事，要學會心平氣和、樂觀、勇敢、自信，這是克服焦慮的精神良藥。

第三十六節　赤面恐怖症

步入社會，在人前易臉紅的毛病不堪其苦。其實知道並沒有什麼可怕的，也想改變自己，自如地與人交往，但就是做不到。有時和不太熟悉的人交談，本來還好好的，突然心裡「格登」一下，心跳加快，一股熱血直往臉上衝，自己難堪不說，還叫別人莫名其妙，常常被別人笑話，致使與人交往時幾乎成了驚弓之鳥。但又渴望與人交往，在身體裡常常經歷著兩個不同自我的戰爭：一個害羞、懦弱、缺乏自信，一個則強迫自己去改變自己。所以感到生活真是太沉重、太累了，這是患上了一種叫「赤面恐怖症」，也叫「社交恐怖症」的心理疾病。

你為什麼和人交往會臉紅

每個人在與自己不熟悉或比較重要的人交往時，都會出現一種緊張或激動感，並反射性地引起人體交感神經興奮，從而使人的心跳加快，毛細血管擴張，即表現為臉紅。

這本是人際交往中的一種正常反應，隨時間推移會習以為常。但有些人缺乏自信，因而特別注意別人的評價，注意自己在別人面前的表現，以致對臉紅特別在意。害怕別人會因此議論你，想自己不臉紅，但又無法消除，見人臉紅便成了你的心病。與人交往前你便擔心自己會臉紅，交往時更是認真體驗自己有無臉紅，時間一久，就在大腦的相應區域形成了興奮點，只要你一進入與人交往的環境，就會出現臉上發熱感和內心的焦慮不安，加上別人對此的議論或譏笑，更使你緊張不安，懼怕見人，從而形成赤面恐怖症。

走出赤面恐怖的陰影

患者每當在公共場所或面對生人，就會出現緊張、臉紅、出汗、心悸等症狀，而且對這樣的情形非常恐慌，結果，越緊張越出錯，發展到怕見人，怕在公共場合說話，越來越封閉自己。有的人晚上睡不著覺，胡思亂想，總想控制自己別想了，但就是控制不住，最後變成頑固性失眠。有的人因此對自己失去信心，覺得自己沒出息，懦弱無能。

李強中，某工廠技術工人。他從小就十分「害羞」，「怕見生人」，用其母親的話說是：「投錯了胎，前輩子一定是個女孩。」上學也不太主動跟同學交往，父母根據他的性格，讓他做了技工這一行，不需要跟人打交道。

但隨著上班以後擺弄機器的時間增多，李強中越來越少跟人交往了。他有時間就躲在機房裡，回家也躲在自己房間看書，聽音樂。到了該談戀愛的年齡，父母開始著急，因為他從不主動跟女孩子交往。父母四處找人為他介紹對象，結果，一見女孩子更是滿臉通紅，人家問什麼他就答什麼，結果別人嫌他太木訥。他自己也覺得很失敗，不應該這樣。但越緊張越嚴重，到後來，女孩子問他話時，他結結巴巴連話都說不出來。

這樣一來二去，他的情況越來越嚴重，害怕在公共場合被人注意，尤其當眾講話、當眾寫字，餐廳用餐以及使用公共廁所之時，都會心情緊張、心慌氣短、大汗淋漓，產生一種明知過分卻又無法控制的恐懼感。他不敢與別人對視，與人談話時總避開別人的目光，似乎自己做了什麼虧心事；見人就臉紅，一臉紅就更害怕別人笑話他沒出息，緊張得臉更紅了。

他覺得不僅自己全身不自然，而且也讓別人不自在，他總想克制自己的這些情緒表現，可是每次都不奏效，他生怕自己這樣下去會變成精神病，於是就逃避這些令人緊張的場合。

其實，這種社交的焦慮是我們每個人都不同程度的具有的。每當靠近一個陌生人，進入一個陌生的環境，我們都會有一種不適感。只不過沒有李強中的這種情況嚴重和典型罷了。怎麼對付這種情況呢？

（一）對臉紅要採取順其自然的態度

允許它出現和存在，不去抗拒、抑制或掩飾它，不為有臉紅而焦慮和苦惱，從而消除對臉紅的緊張和擔心，打斷由此而造成的惡性循環。

心理醫生經常採用森田療法來紓解這些症狀，其原則是：順其自然，為所當為。就是說，對於緊張不安的情緒要疏導，讓它過去，順其自然，不要拼命控制，因為情緒像潮水一樣，越堵越高，越控制越嚴重，同時，繼續做你應當做的事，一會兒緊張情緒就自然消失了。例如，你在公共場合感到緊張，你可以在心裡對自己說：「緊張去吧，我不管它了，又能把我怎樣？」同時，帶著緊張情緒說你該說的話，關注說話內容，不要關注自身的感受。

結果你會發現：沒什麼可怕的事情出現，雖然有些不舒服，但自己還是能戰勝自己的，多次實踐之後，自信心就逐漸增強了，自己也不再為見人緊張而苦惱了，因為你找到了治病良策。失眠的人不要控制自己的思想，應放鬆自己，對自己說：「想去吧，大不了我今天不睡覺了。」同時做深呼吸，放鬆自己的肢體，慢慢的你就會睡著了。

這些做法看似簡單，許多人不相信自己能這樣做，總想依賴藥物，而不是依靠自己的努力。其實，在心理醫生的指導下，你完全可以用森田療法來治癒神經官能症，但重要的是你下決心去嘗試，要相信自己的潛力。

（二）要進行自信心方面的訓練

人前容易臉紅的人，多數對自己缺乏自信，具有自卑感，因而加強自信心的培養，克服自卑感，可起釜底抽薪的作用。

要改變只看到自己的短處，用自己的短處比別人的長處的思維方式，反過來經常想想自己有哪些長處或優勢，以自己的長處去比別人的短處，從而逐漸改變對自己的看法，進而再將注意力轉移到自己感興趣、也最能體現自己才能的活動中去，先尋找一件比較容易也很有把握完成的事情去做，一舉成功後，便會有一分喜悅，做完後再用同樣的方法確定下一個目標。這樣，每成功一次，便強化一次自信心，逐漸地自信心就會越來越強。

手指有長有短，人也不可能十全十美，人的價值主要體現在透過自身的努力，盡可能地發揮自己的潛能。把缺點、失敗及別人的恥笑等看成是一種常事，當成完善自己的動力，對別人的評價和議論，自己心中有主見，做到「有則改之，無則加勉」，不為人言所左右或無所適從。

人會自卑，是因為透過比較和自省，發現自己確有不如人處。而處事成功，也需要一定的知識和能力。所以，一個人要想最終克服自卑心理，就必須在建立自信的同時，正視自己的不足，透過多學、多做來充實知識，豐富經驗，學會與人交往的方法與技巧。

（三）放鬆療法

隨著社交在我們的生活中占的重要性越來越大，對於內向的人們來說，怎樣克服心理的緊張和恐懼，在社交場合遊刃有餘，確實是一件讓人煩惱的事情。

根據李強中的情況，心理醫生先讓他學會怎麼放鬆，即採用肌肉放鬆法。

學會放鬆後，醫生根據李強中的敘述，開始設計恐怖層次表。將恐怖情況分程度。具體如下：

刺激	恐怖程度
見到陌生人	1
和一般陌生人交談	2
和一般女孩子交談	3
和一般女孩子對視	4
和相親來的女孩子交談	5

然後先從恐怖程度最低的層次開始，讓李強中想像正面對一個陌生男性。他開始有一度緊張。之後，醫生讓他在自己腦中去掉這些想法，放鬆全身肌肉。完全放鬆後，再次想像面對一個陌生男人——經過這樣想像，放鬆，再想像，再放鬆——如此多次重複後，李強中在想像中面對一般陌生人時的緊張感完全消失時。然後開始想像與陌生人交談，與女孩交談等等，逐步升級，如法放鬆。將新建立的反應帶到現實生活中，不斷練習。

這樣大約三個月之後，李強開始改變以前臉紅、結巴、怕見人的毛病，對自己也開始恢復了信心。見了女同事可以主動打招呼，見了來相親的女孩也可以正常地表達自己的意思，不再結結巴巴。結果，有個來相親的女孩喜歡上了他，認為他為人可靠，不花言巧語，雖然說話少，但看得出來挺內斂，讀的書多，說話有深度。這下可把李強中的父母樂壞了。

第三十七節　神經衰弱症

如果一個人的心理問題和情緒障礙長期得不到調適，就會導致身體的疾患，神經衰弱症就是其中之一。

神經衰弱的自救措施

長期以來，如果某人有失眠、多夢、記憶力不好、注意力易分散及焦慮、抑鬱等症狀，無論內科還是精神科醫師都會確診為「神經衰弱」，並建議患者服用相關的藥物進行治療，結果療效往往會令醫患雙方都感到沮喪。近年來，越來越多的醫生傾向於從心理病理的角度來探討「神經衰弱」的病因問題，並且驚奇地發現，這是一條醫治此種病症的有效途徑。

原來，此病與患者長期存在的未能解決的內心衝突有關，也就是說有些人表現出來的身體不舒服、神經功能紊亂是內心衝突的結果。長期壓抑、心情不愉快是導致軀體症狀的直接原因，而在其背後則存在著迄今未知的內心衝突。只要解決了內心衝突，消除了焦慮、抑鬱等不愉快的心情，軀體症狀就可以消失了。

一般說來，此種病症的患者多為青壯年，腦力勞動者居多。因此，只要有與疾病作鬥爭的願望和決心，從解決認識問題著手，並在行為上進行自我調節，完全可以依靠自己的力量恢復健康。

（一）消除引起神經衰弱的情緒緊張，減輕心理壓力

首先應認清，這種「病」是可以治癒的，絕不是什麼絕症，也不會變成精神病。其次，應將理想與現實、希望與可能分清。比如，希望自己能總有精力，永無疲勞，能考上著名大學，但實際上自己的學習已經是超乎負荷，這時應該休息了。不要為腦力下降而焦慮，必要時也須降低自己的奮鬥目標，要量力而行，要把目標確定在自己能充分發揮潛能，而又不導致精神崩潰的限度。只要自己盡力去做了，就應感到心安理得。如果能這樣想，壓力感不就小多了嗎？再說目標也不只有一個，「條條大路通羅馬」。只要能過得充實，生活得有意義，就應感到滿足。

（二）認識自身內部的衝突

儘管此種病症患者的內心衝突是處於潛意識狀態的，但只要從下述三個方面去對照自己，便不難搜索出自身內部衝突的根源。

（1）自卑：當一個人自認為低人一等，不相信自己的能力和價值時，他就已經在與環境交往中，把自己擺到了一個容易誘發衝突的不利地位。因為自卑者同樣具有正常人的一切正常願望，但往往臨陣退卻、坐失良機，而陷入深深的自責、責人的衝突之中。一般來說，一個人所持的消極自我評價越多，他所遇到的麻煩就越多，與環境的關係就會變得越緊張，經過反饋，就更容易構成惡性循環。

（2）自我設障：患者往往會憑藉想像為自己制定許多不必要的心理規則。其思維方式陷入「非此即彼」狀態，認為自己必須服從某些條條框框，否則就會產生緊張、焦慮、自責等負面情緒。他們否定了生活的多變性、豐富性，以及人們之間的差異性等基本事實，實為作繭自縛。

（3）矛盾性需求：經過自省，患者不難發現自己是「魚與熊掌兼而得之」的主張者，這也是違反基本的生活法則的。問題的關鍵在於，相互矛盾性需要的存在，並不會帶來消極的作用，強行壓制一方滿足另一方，則會導致心理失去平衡。

（三）正確認識神經衰弱的本質

已患神經衰弱的人，首先要認識到症狀是一種信號，它告訴你：「大腦太累了，壓力太大了，需要休息調整了。」這時，想一下子消除症狀肯定是無濟於事的。應該先冷靜地分析一下，這種情緒緊張和心理壓力來自何方。從表面上看，神經衰弱確實影響了學習和工作，但實質上它及時地停止了你超負荷運轉，使你暫時擺脫了沈重的心理負擔，獲得一個休整、喘息的機會。

(四)增加自己的心理自由度

在認識到自己內部衝突的來源之後，就可以有針對性地進行自我消解工作。患者會發現，自卑、自我設障的矛盾性需求，都是自己造成的。其實，一個人儘管受環境的制約，但他在心理上是完全自由的。

(1)「人的命運掌握在自己手中，現實中永遠有著機會和挑戰」。認識到這一點是非常重要的，這意味著患者正是自己剝奪了自己的自由，要想戰勝因此而帶來的疾病，必須自己給自己增加自由，至少在認識上要做到。

(2)允許自己有缺點。造成自卑的原因固然很多，但不允許自己有缺點的完美主義觀點是根本的因素。事實上，世上是不存在完人的。「人生最大的缺陷是人生有缺陷。」只有當一個人學會坦然地說「我錯了」、「這一點我不如你」的時候，他才可以放鬆自我，自由自在地表現自我、享受生活。

(3)不怕使別人失望。害怕讓別人失望而壓抑自我的做法，常常是造成心理問題的原因。事實上，一個人無論如何也滿足不了所有人的願望，更何況許多自認為「必須」、「應該」的事情，也往往出自個人主觀的判斷。只要自己盡了力，所作所為合乎社會規範（法律、道德等），那麼，就不必介意別人失望與否。

（4）允許矛盾感情同時存在。矛盾性的需求引起矛盾性的感情。正像任何事物都具有兩面性一樣，人的感情永遠具有兩極性，永遠不會統一。愛與恨、苦與樂、勇敢與懦弱、信任與懷疑，總是結伴而行。一個人在心理上同時具有矛盾性的需求，並不證明其人格的卑劣，承認這是人之常情就不至於徒增緊張，然後進行理智的抉擇，客觀的矛盾便會迎刃而解。

（五）打破神經衰弱的惡性循環

惡性循環形成的關鍵是，患者想用人為的努力直接消除神經衰弱的症狀，如注意力不集中、失眠、煩惱等。但人為的努力不但無效，反而越發固定了注意力，越想努力消除，症狀越重。要想打破惡性循環，需做到：

（1）把注意力集中於這些症狀。

（2）去有意識地直接消除症狀。

實現上述兩點的唯一辦法就是行動，帶著症狀去做事，可以從最簡單的事情做起，因為神經衰弱不是精神或體力的殘疾，所以總有能做的事，如打掃室內衛生、買菜購物、看自己喜歡的電影和書籍、欣賞音樂、給朋友寫信等等。

唯一的要求就是不想病、不談病，帶著痛苦找事情做，像正常人一樣生活。所做的事情盡量不要太單一，盡量做一些比較消耗體力的、不太費腦筋的、自己喜歡的、收效很快的事情，逐漸增加做事的種類和加大腦力消耗。長此堅持下去，神經衰弱的苦惱會在不知不覺中消逝。

（六）放鬆訓練

在解決認知的基礎上，有意識地改變身體的活動狀況，做一些自我調節機體運行的體操，會達到標本兼治的功效。

（1）深度呼吸練習——患者常感到疲乏、頭痛、頭暈，實際上是由於緊張而導致的。有意識地進行深度呼吸練習，可有效地解除上述症狀，令人神清氣爽、精神煥發。練習的方法很多，最簡單的操作程序是盡可能深吸一口氣，氣沈腹底，然後屏氣，感到有點憋悶時再緩緩呼出，呼氣要盡可能徹底些。如此循環二十次左右，一般就可起到平緩緊張情緒的作用。

（2）進行肌肉放鬆訓練——情緒狀態與肌肉活動之間，透過神經系統的作用存在著互為因果的關係，情緒緊張的同時伴隨著肌肉的緊繃，而緊繃的肌肉會透過神經作用導致情緒的緊張。如能主動地放鬆肌肉，便會使緊張情緒得到紓解。此訓練要求患者在安靜狀態下，想像一幅記憶清晰的令人鬆弛和愉快的自然風景，同時自我暗示，依次放鬆全身每一塊肌肉。

訓練要領是先收緊某一部位的肌肉（如緊握拳頭），並體會緊張的感覺。持續十秒鐘左右，然後放鬆，並體會放鬆時的感覺。如果做了一遍還達不到平靜情緒的效果，可再做一遍。經過一段時間的練習，便能夠在很短的時間內進入全身放鬆狀態，達到自我調節的目的。

（六）妥善安排好工作、學習和生活

注意勞逸結合，腦力勞動和體力勞動相結合，堅持鍛鍊身體，適當參加文娛活動，既注意消極的休息（睡眠，安靜的休息等），更應注意積極的休息（娛樂活動等），以鞏固療效和防止再復發。

（七）改善睡眠

要想改善睡眠，首先要養成良好的睡眠習慣，注意生活有規律。晚餐不宜過飽，臨睡前不要進食，不飲用具有興奮作用的飲料，不要進行大運動量的體育鍛

鍊，不聽節奏感太強的音樂等，不睡覺時盡量不進入臥室，沒有睡意時不上床。有些病人害怕失眠而提早就寢，或由於失眠而導致晚起，均是不可取的。

（八）中醫中藥和養生療法

針灸和中藥：可應用一般的針療、耳針、梅花針和中草藥治療，如養血安神丸、酸棗仁湯等。恆溫水浴對促進睡眠療效很好，輕微的體力勞動或體育療法，氣功和太極拳均是有效的。

第三十八節　癔症

癔症又稱歇斯底里症，是神經官能症中的一種類型。它是因心理——社會刺激引起的。其典型的症狀是患者自己認為失去身體某部分的功能，而且也確實表現出身體某一部分功能的喪失。如有的人認為自己失明、失聽、失語、肢癱了，確實就表現出失明、失聽、失語、肢癱的症狀。但各種檢查又顯示，根本沒有相應器官的損傷或病變。其症狀輕重、持續時間長短與暗示相關聯。

為什麼會患癔症

癔症多發病於十六至三十歲之間，女多於男。病因一般來說有以下幾種：

（一）誘因

驚恐，被侮辱，委屈，不如意以及親人遠離等較強烈的精神創傷，往往是第一次發病的誘因。至於以後的發病，不一定都有很強烈的精神因素。也可能由於與精神創傷有關聯的事件，或在與第一次發病相類似的情景下，產生聯想而突然發病。

（二）軀體不適

有些患者會因軀體因素，如疼痛，發熱，不適，勞累等，引起精神緊張和恐懼，或精神不愉快而發病。

（三）暗示有致病作用

具有特殊意義的談話、表情和傳說，以及看見其他患者發病均會成為病因，即透過自身體驗和聯想、產生疑慮，深信自己會發病而發病，這是自我暗示的作用。

（四）病人性格特徵

精神因素和暗示的作用，是症發病的主要原因。但是，當人們受到精神因素的影響，以及暗示的作用以後，為什麼有的人保持健康，有的人就患了癔症呢？這與他們的性格不同有關。癔症患者的病前個性，是屬於有強烈情感，缺少堅定理智，意志不穩定，幻想多，爭強好勝，虛榮，情感不穩定，易衝動。

這類性格的人有以下幾個特點：

（1）情感代替理智：癔症性格的人有高度的情感性，容易從一種情感轉移為另一種情感，他們對人處事往往感情用事，整個精神活動均易受情感的影響而趨向極端。如對某人有好感時，覺得他十全十美，是世界上少有的好人，但當遇到一點小事時，就立刻認為這人一無是處，是最大的惡棍。

（2）暗示性強：他們的情感和行為，極易受別人的言語和行為的暗示影響，尤其是當他對某人印象良好時，則該人的意見都會不加分析地盲目接受下來。他們的自我暗示也很強烈，以致各種身體不適感會作為自我暗示的基礎。

（3）自我中心和好幻想：他們好誇耀自己，顯示自己，樂於成為大家注意的中心，喜歡得到別人的讚揚。他們富於生動的幻想，特別是當情感反應強烈時，想像和現實常易混淆一起，以致有時連他們自己也弄不清楚到底是想像還是事實。

癔症的有效調節

如何對癔症進行有效調節呢？

（一）透過心理諮詢法加以調節

治療過程中，首先應取得患者對醫生的信任，建立良好的醫患關係，耐心聆聽患者的陳述和發洩。治療者透過指導、解釋和保護，使病人對所患疾病有一個正確認識，消除對疾病的誤解和不必要的緊張、恐懼，樹立戰勝疾病的勇氣和信心。

患者首先要端正對疾病的認識，使自己瞭解症是高級神經系統機能失調的表現，發作時的狀態都不過是大腦機能暫時的障礙，完全能夠治好而且不會留下殘疾。同時，要正確認識自己人格特徵中的弱點，在醫生的指導下，增強性格鍛鍊。

（二）透過自我暗示法加以調節

患者要選擇一個安靜的環境，進行自我暗示，暗示病症已痊癒等等。在自我暗示的同時，最好自己能用雙手按摩腿部或症狀所在部位，注意力要高度集中，每天一次或數日一次，直至痊癒，最好一次成功。

（三）透過藥物療法加以調節

患者在情感突然爆發、癔症發作時，可以求助於醫生進行藥物治療。

（四）良好的環境。除了心理治療外，安排好生活，保證充分的睡眠、休息，建立良好的人際關係和安靜的生活環境，避免強烈的刺激，對病的治療同樣重要。

對待癔症患者的注意事項

在幫助身邊的症病患時，我們還應注意幾點：

（一）減少陪同人員

癔症的精神症狀，常在精神刺激後發病，呈現不同程度的意識障礙和情感失調，患者的情感色彩濃厚、誇張、做作和易受暗示。意識障礙以朦朧狀態多見，意識活動局限於與情感體驗相關的內容上，給人一種向外表露或「盡情發洩」的印象。有的自覺十分委屈；有的驚恐惶惑；有的情感爆發，易激動，甚至出現大哭大笑、捶胸頓足、以頭撞牆、在地上打滾、手舞足蹈、撕毀衣物、亂唱亂罵等戲劇化表現；有的昏睡；有的過度換氣；有的抽搐發作；有的用生動的表情，誇張的動作以博取旁觀者的注意和同情，越是在人多的場合，發作越厲害。因此，發作時，應將患者置於安靜環境中，並應盡量減少陪護人，以穩定患者的情緒。

（二）救治

癔症具有發作性、誇張性和易暗示性的特點，其症狀帶有明顯的情感色彩，甚至給人矯柔造作的印象，會在暗示或自我暗示下發病，也會在暗示下好轉。如已明確為？症發作，在場人不要驚慌失措，更不要指責患者裝病。正確做法是，平息緊張氣氛，既不否定又不誇大渲染患者的症狀，使患者情緒平靜下來，使其相信給予一定刺激後即可好轉，隨機可刺激或針刺患者合谷、人中、內關等穴位，待其平靜後即可紓解。對於出現「老牛大憋氣」者，切忌捂住口鼻、屈曲四肢，以免窒息。癔症性興奮或軀體功能障礙者，應及時找精神科醫生處理。

因為癔病發作之前有明顯的精神刺激，加之病人病前特殊的人格特點，如情感強烈而不穩定，易感情用事、情感幼稚、急躁及任性等，有高度的暗示性，其情感和行為極易被別人的言語、行為和態度所影響，因此，癔病發作時，如果親屬的言語、行為、態度不當，會形成新的不良暗示因素，造成症狀加重，給治療帶來困難。因此，?病發作時，親屬應首先鎮靜自若，避免過分關心和過分熱情。

PART 5
行為障礙——難戒之癮

第三十九節　厭食症

某國一少女，偶然聽到同學說她胖後，便每天僅吃少量零食和水果，吃飯時不是推說已吃過了，就是吃後再悄悄摳出吐掉。三個月下來，體重從六十公斤降至四十公斤，並出現食慾消失，情緒明顯抑鬱，但該少女還不認為自己瘦，仍堅持控制體重，其母發現後帶她前往醫院求治，經診斷為神經性厭食症。

哪些因素會導致神經性厭食？

神經性厭食症的病因尚不明確。有關的因素，可分為以下幾個方面：

（一）社會心理因素

對青春期性發育的恐懼：十三歲以後，正是性的生理及性的心理發展最快的階段。對於性心理發育尚不成熟的女孩，對自身的第二性徵發育和日益豐腴的體形缺乏足夠的心理準備，容易產生恐懼不安，羞怯感，有強烈的願望要使自己的體形保持，或恢復到發育前的「苗條」。

（二）社會文化因素

社會的壓力會嚴重地影響個人的觀念及行為，是毋庸置疑的。理想體形是受社會文化因素左右的。在較不發達的時代（貧窮狀態），豐滿、肥胖是作為富有的標誌，被人羨慕；而現代社會中，以身材苗條作為有能力、高雅、有吸引力的標誌，使體重偏低受到人們的青睞。近三十年來，神經性厭食症患病率呈明顯的逐步上升趨勢，尤其在某些職業中，如芭蕾舞演員、時裝模特兒中，該症的患病率是普通人群（同齡）的三至四倍，顯示該病的發生與社會文化因素有一定的關係。

（三）其他社會學因素

在多數對神經性厭食症的患病率調查中發現，本患者多來自於社會地位偏高或經濟較富裕的家庭；城市人群的患病率高於農村人群；在城市中，私立學校的女生患病率高於普通學校。而且，這些特點與英、美、日的研究報導較一致。

（四）個體的易感素質

性格的特點：這類患者常常有爭強好勝、做事盡善盡美、喜歡追求表揚、自我中心、神經質；而另一方面又常表現出不成熟、不穩定、多疑敏感，對家庭過分依賴，內向，害羞等。另外，近年來的研究注意到，這類患者的智商一般偏高。

（五）遺傳因素

有些家族史的調查研究中發現，神經性厭食症的家族中，本病的患病率高於其他人群數倍，尤其在姊妹兄弟及父母親同病率較高。這表示，儘管不是遺傳性疾病，但本病的發生可能與某些遺傳素質有一定的關係。另外，本病患者家庭中患躁狂抑鬱性精神病及各類神經症者，也高於一般人群，這些資料也支持遺傳素質在發病中起作用的學說。

（六）特異的易感素質

有些研究者認為，體重過度降低在發病中有著重要作用。當體重下降到一定程度，激發了體內隱藏的神經性厭食症的特異病理機制，而使病人處於這樣一種狀態：失去控制自我的能力，對自己的思維和行為缺乏正確的分析及判斷力，沈浸於病態的體驗之中，因此，一個人從正常的減肥，發展到疾病狀態。然而，這種理論還沒有得到充足的證據。

（七）下丘腦的功能異常

下丘腦位於大腦皮層下，是負責情緒調節、控制進食及內分泌調節的中樞所在地，是大腦中很重要的部分之一。神經性厭食症患者存在明顯的下丘腦功能異常的表現，如月經紊亂或閉經；血液中甲狀腺素水平低；食慾及進食量的異常，情緒低或煩躁等。

有些研究發現本症患者腦脊液中，去甲腎上腺素水平低；再如五羥色胺具有興奮飽食中樞的作用，使進食終止。也有研究發現患者腦脊液中五羥色胺有改變。但目前為止，這方面的研究，尚無一致的肯定性結論。

確認厭食症的標準

患者需要到胃腸專科門診進行全面檢查。如胃腸道的各項檢查呈陰性，有嚴重精神創傷的病史和表現，消瘦而體力尚可，又無全面的內分泌腺功能減退時，可作出神經性厭食症的診斷。當你發現自己及身邊的親人有以下狀況發生時，應該考慮或建議到醫院進行檢查：

（一）比同年齡與同身高的標準體重低於十五％以上，比自己原來體重減輕二五％。

（二）追求苗條，有意控制飲食，情願挨餓。

（三）女性停經達三個月以上。

（四）心跳緩慢，嘔吐等。

（五）無其他軀體疾病或精神分裂症等疾病。

（六）年齡為十至三十歲。

對厭食症的治療

（一）觀念改變

現在流行苗條，以瘦為美，是一種風潮。而對胖瘦、結實纖細的認同與否，是隨著輿論導向而變化的。以胖為美，以結實為美，在歷史上或現在的某些國家和地區都廣為存在。少女正處身體發育時期，切勿盲目減肥過度節食。

（二）心理治療

求助於專業的心理諮詢機構或精神科醫生，瞭解其發病誘因，給予認知治療，行為治療，家庭治療，軀體治療和精神藥物治療。調整環境，住院隔離可較好地阻斷惡性循環。神經厭食症的患者多不願接受治療。因此，需要家人的監督和強制。醫生要將此病的發生發展規律告訴病人，消除病人的消極情緒，鼓勵病人樹立與疾病作鬥爭的信心和決心。

（三）鍛鍊和飲食

真正想要健康的身體，不要從節食入手，而是應該加強鍛鍊，改掉吃零食不停的壞習慣，同時調整膳食結構，低糖低脂高蛋白，多吃蔬菜水果。

神經性厭食症的患者除了有明顯心理層面的困擾外（如焦慮、憂鬱等），更令人憂心的是生理層面的問題，因為「進食」對此病症的患者而言，是件相當痛苦的事，因此他們通常會拒絕吃任何東西，嚴重影響到個人身體的新陳代謝，且易於引發其他生理上之病痛，更甚者會導致個人死亡，須盡速向精神科尋求協助或治療。

第四十節　暴食症

暴食症的病因在內心

現實中有一些人會無法控制地、定期地（約每週二次）暴飲暴食，感覺好像沒有辦法停止「吃」的動作，一直吃到自己受不了為止。這些人通常體態適中，但很強烈地擔心自己的體重上升，而且對於自我的評價相當受其身材所影響，因此往往在大量進食之後，會有羞愧、罪惡的感覺，並且會以催吐、灌腸、使用瀉藥或絕食等方式，來避免體重上升。暴食症多數發生在二十幾歲，主要是起源於心理困擾，然後再演變為過度重視食物的攝取和身材的比例。在現在越來越多女性追求苗條身材、承受較大壓力的情形下，其發生率顯著的上升。

例如：小麗，十九歲，女，高中生。她有嚴重的暴食症。

她已有一年病史，每隔半個月左右就會發作一次：她一接觸食物便會將它全塞入嘴裡，不停地吃啊吃，一直吃到感覺肚子都快撐破了，就把吃下去的再全部吐出來。但下次碰到食物還是控制不住的想吃。吃完後再用手摳喉嚨，讓吃下去的東西再吐出來，曾經因為這吐出過血。但每次病發，就會忘了以前的一切教訓，還是大吃特吃。有時候吐完了哭著說：「難受得恨不得去死。」她自己也曾努力控制自己，卻控制不了，原來一個漂亮的小姑娘，被折磨得狼狽不堪。

經心理醫生詢問後，才發現暴食症其實只是表面上的症狀，真正的問題是她自身的心理上的。

小麗從小就特別愛乾淨，愛漂亮。再加上她從小就長得十分漂亮，鄰居都誇她，爸爸媽媽也老向其他人誇他們的女兒有多可愛，多美麗，所以她的名字也叫「小麗」。小麗從小在大家的誇獎聲中長大。到上中學後，更是發育得婷婷玉立，成了班裡公認的「班花」。可是上個學年，班裡轉來一個女孩，這個女孩一來就搶走了小麗一半的擁護者。於是，兩個女孩開始明爭暗鬥，比誰的衣服更好，誰的氣質更好，當然還有身材。為這，那個女孩和小麗都拼命節食，但每天只吃蘋果卻不能吃那些美味食品的日子，實在太難熬了。終於有一天，小麗發現了一個又可以吃到美食又不會發胖的辦法：吃完後再用手摳喉嚨，刺激咽喉，讓吃下去的東西再吐出來。剛開始時很困難，吐不出來，但時間久了以後，已經很熟練了。現在，她每隔一定時間就要來這麼一次，而且由於可以不變胖，她吃的東西越來越多，根本就無法停止。

以上這兩種飲食疾患的患者，在心理上其實有許多相同的特質，例如具有完美主義的傾向，而以「過度理想」的體重為追求的目標。持續的厭食或暴食，不僅存在著心理上的困擾，更會嚴重地影響身體健康，導致貧血、脫水、月經停止、腸胃功能障礙、心臟血管病變等問題，所以千萬不可忽視，應及時發現，以尋求專業上的協助。

暴食症的心理調適

（一）改變簡單膚淺的審美觀

外表和身材的好看並不代表一個人的一切。比較起來，一個不健康的人不會是美麗的。要拋棄那種病態的審美觀。健康才是美的。

（二）確立健康的競爭目的

不要把時間和精力浪費在那種膚淺的比較中，而是要尋求高尚的競爭目的，如對知識和智慧的追求等。

（三）疏遠那些只重視外表的朋友

這樣的朋友是不會長久地陪在你身邊的。多結交幾個有深度、喜歡你的心靈的朋友。他們會給我們意想不到的快樂，並在我們把握不住的時候，給我們忠告。

（四）樹立正確的人生觀和價值觀

一個有遠大理想和正確人生觀的人，是不會陷入這種競爭中的。

（五）正確對待吃飯是個人的基本需要

吃是人的本能，也是人賴以維持生命的必需品。每個人都必須每天攝入一定的食物，用來維持自己的需要。所以，要把吃飯當成是一種很正常的事情。千萬不可以為了身材，就不吃。

（七）降低對自己的要求

事實上，這樣的人往往偏瘦，只是他們自己給自己訂的標準太高。在別人看來，他們已經很瘦了，根本用不著減肥，反而需要增胖。

第四十一節　飲酒成癮

酒依賴不僅會給患者帶來胃潰瘍、脂肪肝、肝硬化、心腦血管病、酒精中毒、性功能障礙，以及神經系統的病變等一大堆嚴重的生理疾病，還會帶來無法自控的精神障礙。酒依賴患者大多表現為情緒抑鬱、焦慮、容易激怒、睡眠障礙，嚴重者出現幻覺、妄想、意識錯亂及人格改變。

如何調整自己的心理

大多數飲酒成癮的人，都同時有其他的心理問題。有句老話叫做「藉酒消愁」。很多人把喝酒作為一種逃避現實的方法，所以要解決酒依賴的問題，必須重視心理健康。比如，有人喝酒是因為生活中的挫折。而據調查，很多人都有社會適應不良、不會表達情感的情況存在。這就需要調整心態，學習應對技能，解決其他不願意去面對的心理問題。

還應提倡文明飲酒。一些地區的飲酒文化也應淨化一下，那些非要讓大家都喝醉了方顯得自己好客的風俗，也該改一下，因為你和客人都應知道，勸酒如同催命。酒是助興和交際的紐帶，少量喝酒對健康人也有保健的作用，那麼，我們怎樣喝酒才不為過呢？

精神科專家們對此給予了通俗的解釋，即男性每天飲酒不得超過二瓶啤酒或二杯白酒，女性每天不超過一瓶啤酒；不論什麼性別，每週至少應有兩天滴酒不沾。

至於那些已成為酒依賴的患者，最好還是到當地的精神病醫院去接受專業的治療。常年大量喝酒，如果突然不喝，反而會給患者帶來更大的傷害，所以酒依賴患者最好到醫院進行科學戒酒。醫生會讓患者服用一種酒精替代品，既可逐步取代飲酒，又不會驟然打破患者生理平衡，從而達到最終戒酒的目的。

第四十二節　賭博成癮

賭博傷財又傷身

對某種東西成癮就是對它有依賴性。所以，人的某些行為，如賭博，也能像藥物、酒精等物質一樣，因對其產生依賴性而成癮。

賭徒是現實生活中常常大悲大喜的人物。贏錢時興高采烈，欣喜若狂；輸錢時垂頭喪氣，懊悔不已，甚至鋌而走險。然而，無論是贏錢還是輸錢，他們都離不開賭場。對此，一般的解釋是，贏了錢賭徒還想贏，但輸了錢賭徒想要拼命撈回來，所以賭徒才有一種強迫性行為。他們對賭博的渴求與成癮，可以像吸毒者一樣達到歇斯底里的強烈程度，更有甚者賣妻鬻子也要賭。

麻將桌旁發生的一則則悲喜劇，說明對麻將的成癮完全不亞於吸毒。某城市的麻將桌上曾發生過這樣的事：由於兩人輸了要扳回來，另外兩人贏了還想再多贏一些，結果，兩夜三天的鏖戰使得一人因中風死亡，一人因憋尿而見上帝，還有一人因中風而半身不遂。

心理調適

（一）認識到賭博的危害性

尋找豐富的娛樂活動，比如釣魚、看書、打球等，代替賭博這種娛樂活動。

（二）認識到十賭九輸的特點

不要抱有僥倖心理，輸了別想去撈回，贏了不要還想贏。

第四十三節　購物成癮

購物成癮也是病

調查發現，購物這種行為本身可能產生短暫的快感或陶醉，因此是一種像吸食可卡因一樣的成癮。所以一些專業人員認為，這也是一種行為成癮。美國哈佛大學成癮研究所主任霍華德·謝弗認為，大量的成癮源於經歷和行為，比如重複、高度情緒化、高頻率的體驗等。這些行為和經歷可以引起神經適應，即讓神經回路發生變化，從而讓某種行為長期化。由此看來，屬於行為成癮的還有購物癖、網路成癮等。

女性一般都有購物嗜好，這種嗜好進一步發展就可能成癮，變成一種強迫性的購物行為。雖然有購物癖的人也知道強迫性購物結局並不美妙，比如，房間裡堆滿了大量無用的商品，而且最終身負巨債，但是依然忍不住要瘋狂購物。

女性強迫性購物有一個特點，在抑鬱、焦慮、疲憊和有負罪感之時，會瘋狂地購物。哈佛大學的謝弗還認為，強迫性購物者具有藥物成癮者相似的一種戒斷症狀，她們不能控制自己。這種行為在本質上，也與賭博和強迫性竊盜一樣。

自我調適

（一）絕不在你生氣的時候進行購物，因為你在這個時候購物，只是為了發洩你的怒氣。

（二）別在你悲傷的時候進行購物，因為你的情緒波動抑制了你的良好判斷力。

（三）不要在懷舊的情緒中買東西。

（四）別為了趕時髦買東西。

（五）不要把購物當成一種消遣。有許多漂亮的免費公園可以用於消磨時間。你可以去傳統的街道散步，或者培養一些業餘愛好。但是，不要把你的空閒時間用於逛商業街。購物時，應事先列一清單並嚴格按照原先的計劃進行，這樣可以避免一時衝動，而買一些不必要的東西。

（六）按你的購物清單進行購買。只在你確實需要購買東西的時候，才到商業街買東西，即使去也不要做過多的閒逛。如果發現自己有超出清單進行購物的衝動，應當盡快離開。

（七）將你全部的信用卡從你的皮夾子中拿走，只留一張信用卡，清理那些由特殊商業部門發行的信用卡。你只需要一張卡，能用於急需就夠了。如果你真想做到不負債，就必須與商店的卡劃清界線，清理所有信用卡，只保留一張。

（八）制定用現金購買一切物品的政策，如果你沒有現金，就不要購買。當你去商業街的時候，不要帶那張信用卡，只帶少量的現金，足夠買你想買的東西，一杯咖啡加上打一個電話的錢就夠了。

（九）在任何地方，一旦有購物的意圖時，就可以運用「替換政策」。政策很簡單，那就是你買一樣東西就必須丟掉另一樣東西。如果你買新汗衫，你的舊汗衫之中的一件就必須丟掉；買了新的鑽孔機，那麼，舊的那個就應該捐給慈善機構；買一套新盤子，就應將舊盤子拋棄；如果你買新的燈具，你已經擁有的那一個就必須淘汰。

（十）真的需要嗎？當你真心想買東西時，先問你自己：「為了買這件物品我要放棄什麼，食物還是微波爐？我為什麼買這件東西？我真需要它嗎？這件物品在我的從現在開始未來三個月的購物優先順序表上，佔據什麼位置？這在我的從現在開始未來兩年的個人重大財產表上，佔據什麼位置？我現在已經有多少這種東西？一個人需要多少？」稍作休息後，別買任何東西就離開商店。如果一個小時後你還想買這樣東西，就應用「替換政策」。你打算用這樣東西換掉什麼？你打算扔掉什麼為這樣東西騰出地方？

第四十四節　上網成癮

上網成癮是心理病

「上網成癮症」是一種過度使用網路行為的心理疾病，它指在人的生命過程中，對網路產生較強的依賴性而成癮，在心理和生理的某種嘗試行為中產生了愉悅反應，這種反應的多次重複，就形成了人對愉悅刺激的依賴。正如飲酒、抽煙、賭博、吸毒等等一般，離開它就無法正常生活，否則會有一系列強烈的生理心理反應，成癮者往往感覺現實生活沒有意義，只有在癮被滿足的時候才有精神。

「上網成癮症」的表現是多種多樣的，一般症狀主要有：

（1）上網時間長，而且控制不住時間。

（2）上網時精神極度亢奮並樂此不疲，而下網後則有煩躁不安、情緒波動等現象。

（3）上網的行為常常不能自制，寧可荒廢學業或事業甚至拋棄家庭，也要與電腦為伴。

（4）工作和學習積極性較差，沈醉和崇尚虛幻的網路世界，對現實生活缺乏起碼的熱情。

（5）嚴重者有自虐行為，上網期間不吃不喝不睡，有的因沈迷網上的不健康內容，而導致疾病。

「上網心理病」這項新興研究的先導者金伯利．楊，認為格林菲爾德的研究層面廣泛，可證明大家關注「上網癮」的問題並非杞人憂天。

根據格林菲爾德的分析，網民上「上網癮」的原因包括「感覺親密」、「沒有時間限制」和「沒有禁制」。格林菲爾德說：「網路的影響力與其他導致大家上癮的力量截然不同，是我們從沒處理過的。」

研究人員說，「上網癮」最終會被細分數個類別。他們相信這些細目有可能是環繞「性和人際關係」、「消費」、「賭博」、「股票買賣」及「純粹個人迷戀上網」來分類。

上網成癮的戒除方法

長期以來，一些青少年上網成癮，深陷虛擬世界而不能自拔。有關專家分析了四個原因，並開出「藥方」。

首先，少年進入青春期之後，成人意識強烈，覺得自己已經是一個大人了，什麼事都可以自己處理，不需要別人幫助。但事實往往相反，他們經常無法解決現實生活中遇到的困難。再加上現在的孩子多為寶貝子女，從小受嬌寵慣了，一點小小的挫折可能就會令他們無法接受，具體表現為情緒波動比較大，控制情緒能力不強。無法解決實際問題、受挫後情緒不穩定，使得這些孩子不自覺地去尋找一個能充分滿足自己的世界，網路恰好為他們提供了這一條件。在網路世界裡，他可以解決任何問題，他可以完全逃避現實，他的情緒可以得到充分的宣洩。

其次，家庭關係緊張，無法與父母進行很好的溝通，是青少年選擇網路的又一主要原因。父母是孩子最好的老師，孩子在確立人生觀、世界觀最關鍵的時期，尤其需要來自父母的正確指導。很多父母更習慣於那種「家長命令式」的教育方法，忽視了青少年的叛逆心理，造成了青少年偏要和父母作對的局面：你們不讓我打遊戲，我偏要這麼做。

第三，學習成績差，自暴自棄。大多數沈溺於網路世界不能自拔的孩子，學習成績都比較差，他們在現實生活中，體驗不到學習所帶來的成就感，往往會選擇網路來滿足自己。

第四，青少年自控能力差，衝動性強，一旦陷入網路遊戲，明知會影響學業，但是卻不能自拔。

專家們開出了「藥方」，他們說，父母、家庭的關懷是最好的方式。父母不要動輒就打罵孩子，不要流露出對孩子徹底失望的想法，要耐心地與孩子進行溝通，要讓他們充分地感受到自己並沒有被拋棄。孩子們為了愛他的家人，為了寶貴的親情，也會選擇與網路遊戲劃清界限的。

此外，還要不斷對這些孩子進行安撫，要努力發現他們各自的優點，並沿著這一方向加以引導，培養他們的自信心，增強他們與人交往的能力，使他們逐步適應現實社會。同時，專家還呼籲社會多開展一些健康、有益的文康活動，讓青少年旺盛的精力得到發洩。

PART 6
各種特定人群的心理調適

第四十五節　兒童期的心理問題

由於受生物、社會、心理等綜合因素的影響，兒童期就可能會出現心理問題或障礙，因此，瞭解有關常見心理障礙的知識，及時識別心理問題是很重要的。幼兒期或學齡前期就出現的異常，只是表現比較輕微，沒有引起家長的注意，孩子上學讀書後，這些心理疾病影響了學習成績，家長才意識到問題的嚴重性。如多動症的起症年齡多在六歲以前，而到心理門診就診的兒童大多六歲以上，造成這個時間差的原因就在於此。

一般來說，兒童出現心理問題將會在情緒、行為及生理方面，出現異常變化，這些外在表現可以看作心理求助信號。主要表現在三個方面：

（一）情緒表現

恐懼，焦慮，不願上學，容易生氣，敵意，想輕生（認為活著沒有意思，有度日如年的感覺，興趣減少或多變、情緒低落）等。

（二）行為表現

離群獨處，不與同年齡小朋友一起玩，沈默少語，少動，精神不集中，過分活躍，暴力傾向，逃學，偷東西等。

（三）生理表現

頭部腹部疼痛、噁心、嘔吐、厭食或貪食、早醒、入睡困難、耳鳴、尿頻甚至全身不適，而軀體檢查及實驗室檢查又沒有軀體疾病。

家長要盡可能多地瞭解兒童心理特點，及有關心理疾病的知識，並對孩子的智力水準、興趣愛好等，有更全面的瞭解，不能盲目攀比、模仿，還要根據自己孩子的氣質類型及特長興趣，因材施教。最重要的是對孩子的期望，應有適當的程度。其次，對心理障礙有一個正確的認識。正視孩子存在的心理問題，及時請教專業工作者，以發現問題並解決問題。

第四十六節　成人世界的心理衝突

一般說來，城市人承受著更多的心理壓力，卻又缺少人際的情感溝通，常會導致情緒淤積或病態發洩，如焦慮、緊張、酗酒等，學會疏洩情緒尤其顯得重要。首先，要認識到自己情緒的性質及原因。此類心理問題，以心理諮詢為主。

（一）神經症及心因性反應

神經症主要表現為注意力不集中、記憶力下降、情緒失調、慢性疼痛、睡眠障礙、各種明顯的軀體不適，以及強迫思維等。

具體有：神經衰弱、癔病、強迫症、恐怖症、焦慮症、抑鬱性神經症、疑病症等。心因性反應是因劇烈的精神創傷或生活事件，以及持續的困難處境下，所引起的心理失常表現，這些刺激因素可為親人突然亡故，尤其是配偶的傷亡，異常重大的意外刺激，夫妻感情破裂，遭受委屈或受處分，自然災害，以及長期處於嚴格隔離狀態，工作過於繁忙，面臨難於處理的困境，人際關係緊張或生活過於平淡，或由於目的未能達到而引起。

適應不良以及行為人格偏離、性心理障礙　適應不良常發生在青少年身上，特別是心理素質不良，人格發展有缺陷的人，很容易在變化著的或新環境中，產生適應性障礙，從而影響到心理健康，如出現厭學心理、逃學行為，或釀成身體上的與精神上的問題，最後，不得不休學等。

（二）性心理障礙與生殖沒有直接關聯

患者在尋求性滿足的對象或方法上，與常人不同，且違反當時的社會習俗，而求得性滿足的性行為活動，它與病態人格有一定關聯，但又有所區別。最常見的性心理障礙為露陰癖、窺陰癖、戀物癖、易性癖等。

以上問題以心理治療為主，藥物治療為輔。

第四十七節　A型性格改造

美國心臟病專家弗里得曼和羅森兩人，透過對三千多名患者進行研究，終於發現像高血壓、冠心病等疾病，確實與心理——社會——緊張狀態密切相關，並於一九七四年發表了專著《A型性格和你的心臟》。他們把人的性格分成兩種類型：A型和B型，其中B型的性格表現為：慢條斯理，不慌不忙，穩紮穩打，從不著急。沒有爭強好鬥的壓力，似乎誰輸誰贏都沒關係，並能化競爭為樂趣，成功了當然高興，失敗了也不悲傷；緊張的工作後能愉快地休息，能自己消除煩惱；胸有成竹，不受外界干擾，這種人很少患「緊張狀態病」。而另一種性格——A型性格的人，最易患高血壓、冠心病、神經衰弱等。這種性格的人既應該肯定其優點，也應該對其進行必要的改造。

A型性格的分析

A型性格的優點是：時間觀念強，工作積極、負責；有很強的競爭意識，不甘心失敗，有很強的生活動力等。在公司和家庭中都是舉足輕重的，對人直率，有事業心，為了工作甚至忘記個人病痛，這一切都是符合時代精神的好品格。先天下之憂而憂，後天下之樂而樂的人，多是A型性格。

A型性格的不良性格有：個人承受著時間緊迫感的壓力，精神上長期處於超負荷的緊張狀態。奮鬥與成就並不能使他滿足，所以有時欲速則不達。另外，競爭中含有潛在的敵意，透過對自己的不滿意，對別人的不耐煩表現出來，常常對人不寬容，太精明強幹，比較固執。

A型性格的改造

（一）注意自己的行為

講話時節奏要慢，前後層次分明，不要一氣談完，也不要說說停停。語氣要平和，不應用大嗓門。聽別人的話，注意力要集中，理解對方的真意。談話中不要露出心煩意亂的神態，無論如何要臉上掛笑。找個B型人作參照。

（二）選擇環境。

安排好自我放鬆的時間，一般二十分鐘即可。不看描寫暴力行為的電影，多看喜劇、聽聽音樂。工作不要給自己加碼，多與人聊天，友好待人，多一點人情味。

（三）每天問問自己，哪些事情該制止，久而久之，自然牢記心中。

（四）每天回憶一下，今天出了什麼事，從中總結經驗教訓。

（五）當自己覺得自己要發火時，進行自我暗示地放鬆。

（六）迴避易引起你強烈情緒反應的人與事。

（七）培養藝術修養，繪畫、垂釣、跳舞等，使緊張的思想和肌肉得到充分的休息。

（八）交幾個知心朋友，交流感受與心得，在朋友之間的笑聲中，使你變得倜儻大度。

第四十八節　肥胖者的自我調適

現代生活中，肥胖者越來越多，自然，隨之而產生的病症更是不容忽視，肥胖是指進食熱量多於身體消耗量，以脂肪形式儲存於體內，從而使體重增加至超過標準體重的百分之二十以上者。

體重計算

正常男女的體重與身高，都有一定比例。所謂標準體重的計算公式：

男性成人體重（公斤）＝身長（公分）－一〇〇－｛身長－一五〇｝／四

女性成人體重（公斤）＝身長（公分）－一〇〇－｛身長－一〇〇｝／四

肥胖的調適

對於肥胖症的治療，首先要搞清病因。由其他疾病引起者，要積極治療原發病。由情緒因素引起者，可進行心理治療，其重點在於消除病人的消極情緒反應，和人格方面的問題。

訓練病人學會識別飽足信號、執行減肥計劃。肥胖的人，一般是食量大，活動量小。所以減肥的原則是減少熱量食品的攝入量，增加熱量的消耗量，雙管齊下。此外，還要注重體育鍛鍊，增加運動量。至於各種各樣的減肥茶、減肥霜、營養素之類的減肥產品，都解決不了根本上的問題。即使因內分泌疾病（如甲狀腺功能減退、皮質增多以及垂體病變）引起的肥胖，應針對不同的疾病予以藥物治療的同時，也要從飲食習慣和生活方式上予以調節，才能減肥和達到控制體重的目的。

肥胖人必須改變過去的不良飲食習慣，改為多餐少量，使身體經常保持半饑餓狀態，不致造成脂肪積聚。少吃或禁吃甜食，不吃零食。但減肥不能僅僅依靠節食，那可能會導致神經性厭食症，引起營養不良，甚至死亡。

第四十九節　更年期的心理調適

更年期是女性一生的多事之秋，「熬一熬就過去了」的老觀念和「草木皆兵」的恐懼心態，都是要不得的。更年期女性更要加強自我的心理衛生和生理保健，才能走出非常時期。

更年期和更年期綜合症

更年期是人類老化過程中的一個重要時期。一般發生於五十歲左右，也有提前至三十九歲或延遲至五十八歲者。相較之下，女性更年期的症狀表現得更為明顯、突出。

其主要症狀有：

（一）神經系統功能紊亂

如陣發性面部潮紅，頭頸脹熱，出汗，煩躁不安，情緒不穩，皮膚感覺異常，關節酸痛，頭暈目眩，耳鳴，注意力不集中，記憶力下降等。

（二）心血管系統功能紊亂

如心慌氣短，血壓升高或不穩。

（三）代謝紊亂

如體形肥胖，食慾亢進，血糖升高，糖尿，輕度浮腫，骨質疏鬆。

（四）性生理改變

如外生殖器萎縮，陰道粘膜變薄，月經變化，性功能減退或亢進。

上述症狀係由中年過渡到老年的過程中，內分泌改變引起的，經過一定時期，人體適應了新的內分泌功能，上述症狀即逐步紓解消失。

這些改變，使半數左右的婦女出現不同程度的心理不適：情緒低落、煩躁、易怒、緊張、焦慮、坐立不安、精力不集中以及失眠等，約有百分之十的女性，有明顯的抑鬱表現。

通常更年期綜合症，有外向型和內向型之分。前者多表現為愛發脾氣，摔東西；內向型則多表現為憂鬱、多疑，嚴重的還想輕生，故比外向型更危險。

更年期調適

（一）增加更年期婦女自我保健知識，是改善更年期婦女心理狀態和症狀的重要因素

更年期不是病，只是每個女人生命中必經的一個時期。正確認識更年期的到來，因為它是人類老化過程中的必然階段，可以找婦科醫生諮詢，不必焦慮緊張，樹立信心，以順利通過更年期。

（二）應該增加體育鍛鍊及社會交往，充實生活內容

女性患更年期綜合症，主要是由於失業、退休或子女成家後，賦閒在家無事可做，又缺少感情交流造成的。當你陷入深深的苦悶和焦慮之中不能自拔的時候，要按時到空氣清新的室外，從事一些合適的體育活動或體力勞動，它會喚起你的滿意感和愉快感。有趣的工作也會「中和」不良情緒產生的惡果，並會大大提高樂觀情緒的儲備量。當你遇到不順心的事或陷於痛苦時，「儲備量」會發生作用，它不致使你過度鬱悶。

還可以到大自然中去陶冶。在生活最艱難的時刻，投身到大自然可從中找到慰藉。大自然中，花草散發的濃郁芬芳、樹葉沙沙微響、鳥兒婉轉啼鳴、溪流潺潺聲

和海浪拍擊聲，都會對身體產生良好的作用。

（三）經常進行自我心理調整，擺正自己的位置

易怒、發脾氣，是更年期到來的前兆，它們一冒出來，就該提醒自己要注意。若有什麼怨氣，應該提醒自己這是更年期的表現，不要隨著性子，亂發脾氣。

（四）傾訴和發洩

要徹底傾訴心底裡的鬱結。傾訴是治癒憂鬱悲傷的良方。當你遇到煩惱和不順心的事後，切不可憂鬱壓抑，把心事深埋心底，而應將這些煩惱向你信賴、頭腦冷靜的人傾訴。如沒有合適的對象，還可以自言自語地進行自我傾訴。萬萬別以發怒這種火上澆油的方式，來發洩心中的積怒和煩悶。

我國古醫書《黃帝內經》有：「思傷脾」、「憂傷肺」、「恐傷腎」、「怒傷肝」之說，認為「悲哀愁憂則心動，心動則五臟六腑皆搖」，「搖」則疾病生矣。對這些不良情緒有效地化解，正是一系列疾病的良好預防藥。

英國心理學家柯切利爾，極力推崇一種自我傾訴內心苦悶和憂鬱的方法——放聲地自言自語地傾訴。他指出，這種心理上的刺激反應，是防治內科各種疾病，尤其是心血管病和癌腫的良藥。他認為積存的煩悶憂鬱就像是一種勢能，若不釋放出

來，就會像感情上的定時炸彈，一旦觸發即會釀成大難。

有眼淚要讓它流出來。因為情緒激動時，人體血液會產生某種化學變化，眼淚的流出，將使這種物質得以排泄。

（五）家人和朋友的關心理解，顯得尤為重要

家人的不理解會加重她們的症狀。所以，如果家有處在更年期的女性，千萬要多關心她們。眼下，「更年期」變成了打趣甚至嘲弄人的詞。男人碰上看不順眼的事，如果當事人是中年女性，就不由分說朝她們貼個「更年期」的標籤；年輕人也會用怪眼光看年紀大的人。做為家人，不要動不動就說「你是不是更年期到了」之類的話。她們生氣時，要採取冷靜、寬容的辦法。

（六）激素替代療法

更年期症狀明顯時，可以在婦科醫生的指導下，補充體內的雌激素水平，但切忌盲目用藥。怕相關藥品有副作用，就盡量多吃能增加雌激素的食物，如烏骨雞、花粉、蜂蜜、維生素E等。

（八）對症治療

頭痛明顯者，可用一些常用的止痛藥，如必理通等紓解頭痛的藥物。情緒急躁

和焦慮者，可選用一些鎮靜類藥物。

(九)中醫中藥

根據中醫理論，更年之期，腎氣漸衰，天癸漸竭，導致五臟功能失調、陰陽失衡而為病。因腎虛不能涵養肝木，則肝氣鬱結，可見情緒低落、胸悶脅脹、不思飲食；腎虛不能滋養心神，可見精神恍惚、無故悲哭；腎虛無以溫養脾土，可見頭暈耳鳴、腹脹腹瀉、疲乏無力等。因此治療在補腎的基礎上，佐以疏肝理氣、滋養心神、健脾化痰，可紓解病情且患者易於接受。

(十)合理的性生活

合理的性生活，可以防止因生理和心理、社會等複雜因素，而引起性淡漠和性衰老。

第五十節　離退休者的心理調適

許多人還沒退休時盼退休，真正退休後又懷念以前忙忙碌碌的日子。所謂退休綜合症，是一種老年期典型的心理社會適應不良的心理疾病。是指退休的老年人，在退休後對環境適應不良，而引起的多種心理障礙和身心功能失調的綜合病症。退休綜合症的心理特徵是：孤獨、空虛和憂鬱。原本樂觀的人，這時候都可能變得情緒消沈。與此同時，身上的毛病也突然增多起來，健康狀況每況愈下。

退休綜合症常見的臨床表現

①孤獨、空虛和嚴重失落感，體力和精力減退明顯，自卑心理嚴重。

②情緒憂鬱，焦慮緊張，心神不定，喜怒多變，難以自控。

③對事物毫無情趣和活力，懶散乏力，不愛活動，反應慢，嚴重時達到麻木遲鈍狀態。

④看到老朋友、老同學、至親好友或病或死，大有「兔死狐悲」之感。

⑤心理上老化現象加快，自感腦力和體力不支，悲觀失望。

⑥促發多種身心疾病。

退休綜合症的防治措施

①心理上要及早做好退休前的準備工作，計劃好退休後的生活安排、充實退休內容等。一般早一至兩年，就要著手進行準備。

②有條件者盡量繼續發揮餘熱，參加一些適合自己體力和專業的社會活動，要做到「退而不休」，感到自己仍能做出社會貢獻。

③培養一至兩種興趣愛好，使生活豐富多彩，富有生氣和活力。

④克服心理老化感和不愛活動習慣，「一身動才能一身輕」。

⑤有明顯心理病症，應及時接受心理諮詢與藥物治療。

⑥老年人在可能條件下，也應為兒孫分憂解愁，使雙方關係更親密、融洽。

當然，社會對離退休老年人，應給予更多的關注，家庭要關心和尊重離退休的老年人的生活權益，切不可把老人當成保姆或雇工使喚，甚至在生活上虐待老人。要使他們感到精神愉快，心情舒暢。

第五十一節 「高技術綜合症」及「第二職業綜合症」

高技術綜合症，主要表現為易心悸、心慌、緊張不安、神經過敏，甚至有些人一想到電腦程式即感恐懼，全身出汗，心情緊張等。總之，高技術綜合症，是一種超生理和心理承受極限的「緊張狀態病」。一些人因不堪忍受超負荷的精神壓力，往往失去自控能力，而成為服毒、投海、跳樓、觸電等的自殺者。

「高技術綜合症」的應對

面對現代社會的各種矛盾和壓力，人們首先應增加自身的心理免疫力。只有自己堅強起來，才能應對社會的巨大變化。哲學上常說：「內因決定外因」。

企業領導要樹立科學的健康衛生意識，注意給企業技術人員、員工以精神補償，加強企業文化建設和健康教育，為員工創造一個寬鬆和諧、勞逸結合、有利於保持心理健康的良好環境。

社會要對這種情況引起重視。紓解社會的緊張的競爭壓力氣氛，建立寬鬆的生活導向。鼓勵人們培育健康的生活方式，放鬆心情，不要盲目的攀比和跟隨潮流。

「第二職業綜合症」及應對

在正式工作的八小時以外，從事第二職業者日益增多，一般都為追求經濟效益，很少考慮自身健康，有些人因而病倒進了醫院。醫學家對此症命名為「第二職業綜合症」。

表現：精神萎靡，失眠多夢，食慾不振，記憶減退。

原因：主要是身體過於勞累，精神過度緊張，飲食缺少規律，睡眠嚴重不足。

應對：人們在從事第二職業前，應深思熟慮，量力而行，不是生活所迫，避免參與。

①確需從事者，應選擇最適合自己專長和時間的工作，注意勞逸結合。

②注意自己的身體狀況，不要勉強。畢竟，身體是革命的本錢，要是累倒了，得不償失。

第五十二節　癌症患者的心理調適

有位醫生素以醫術高明享譽醫務界，事業蒸蒸日上。但不幸的是，他被診斷患有癌症。這對他不啻當頭一棒，他一度曾情緒低落。最終他不但接受了這個事實，而且他的心態也為之一變，變得更寬容、更謙和、更懂得珍惜所擁有的一切。在勤奮工作之餘，他從沒有放棄與病魔搏鬥。就這樣，他已平安度過了好幾個年頭。有人驚訝於他的事跡，就問他是什麼神奇的力量，在支撐著他。

這位醫生笑盈盈地答道：「是希望，幾乎每天早晨，我都給自己一個希望，希望我能多救治一個病人，希望我的笑容能溫暖每個人。」這位醫生不但醫術高明，做人的境界也很高。他之所以能夠在一定的程度上戰勝癌症，是因為他健康的心理狀態。

在抗癌症治療過程中，人們採用了各種各樣的治療手段，諸如手術切除腫塊、放射治療和化學藥物治療殺滅癌細胞，卻常常忽略了心理因素的作用。幾十年來，許多專家在心理因素與疾病關係上，做了大量的研究，結果顯示：情緒及個人特徵與疾病的發生明顯相關；患病後講究心理免疫的人，比那些精神情緒較差的人，易於戰勝疾病獲得康復。這是因為精神因素與肌體內在的免疫功能潛力密切相關，積極的心理狀態，能增強肌體的抗病能力。

C型行為模式

在癌症的發病原因中，人們不僅發現有毒物質、遺傳、免疫功能及不良飲食衛生習慣，與癌症密切相關，同時觀察到個性特徵和心理社會因素，對癌症的發生也有影響。

國外有人提出癌症患者為C型行為模式的概念。

C型行為心理特徵為：不善於宣洩和表達明顯的焦慮、抑鬱情緒，反而過分壓制自己的負性情緒，尤其是竭力壓抑原本應該發洩的忿怒情緒。

患了惡性腫瘤的病人，都不同程度地存在著各種各樣的心理問題，乃至心理障礙，從得知患癌時的極為否認，繼之悲觀絕望、焦慮、害怕至抑鬱等，這些不良情緒嚴重影響著病情演變，在不良情緒狀態下，透過心理——神經——內分泌——免疫軸的作用，會促進轉移癌細胞的發展，導致患者提前死亡。這就是臨床上比較常見的原來精神狀態比較好，得知患有癌症後，病情急轉而下之類現象的原因所在。

癌症的心理治療

腫瘤形成與心理因素密切相關，腫瘤的治療當然離不開心理治療。

首先，要樹立戰勝腫瘤的信心，面對現實，勇於和命運相抗衡。這是戰勝癌症的原動力，也是康復的前提。當代心理免疫學的研究顯示，人在罹患疾病之時，需要「心量抗爭」。只有對戰勝疾病有信心的人，才能有效地調動肌體內部的免疫力量，進而可促進早日康復，即謂之「心理免疫」。

其次，瞭解疾病的情況，積極配合治療。

第三，合理安排生活和娛樂活動。科學有規律的生活，可以使身心得到放鬆，情緒得到調節。處於舒心的環境，多接觸美好、愉快的事物，如聽一些曲調悠揚的輕音樂，看一看綠色的植物和鮮花。安排活動要注意病人的體力。

第四，瞭解伴隨疾病出現的各種心理問題，調節自己的情緒。紓解緊張焦慮情緒，宣洩不滿和恐懼，對於治療是大有好處的。發現心理問題時，進行相應的心理治療。

最後，尋求家庭成員及各種社會支持系統的幫助。家屬和醫務人員亦應配合做好病人的思想工作，給予耐心細緻的開導、解釋和勸慰，幫助患者樹立起戰勝疾病的「心理防線」。

許多抗癌明星成功的例子，都證明了心理因素對癌症演變的影響，進行心理調整，將有利於患者走出不良的負性精神困惑，以積極健康的心態來對待疾病，早日康復。

第五十三節　夜班與心理保健

夜班作業對人的生理有影響。值夜班期間，由於工作與睡眠在時間上發生矛盾，使人長期形成的正常生物節律受到干擾，再加上白天睡眠的環境條件差，受到日光、噪音、振動等的影響，使睡眠時間由八小時左右，減短到四～六小時，而且睡眠的深度變淺、品質較差。時間一長，會使人感到每日勞動後，體力和腦力耗損得不到完全補償與恢復，造成疲勞的累積或過度，因而在連續夜班期間，勞動者的疲倦感會逐漸加重，食慾下降，消化道疾病增多。

如果夜班作業所引起的持續性疲勞，不論休息與否都難以消除，即使常常服催眠藥也無效時，則表明該勞動者不適宜於夜班作業。因此，某些單位硬性規定每個人必須上夜班的「一刀切」辦法，是不科學的。疲勞與異常睡眠同時存在，是一種隨年齡、工齡增長而加重的進行性現象。當勞動者年滿五十歲或輪班作業工齡達三十年及以上時，疲勞與睡眠不足會更快地增長，因此，更不適合繼續參加夜班作業。對女工的年齡與工齡要求，也應更嚴一些。

此外，連續夜班作業的持續時間過長，如值七天夜班者，其聽力、視力、神經功能共濟反應均變遲鈍，中樞神經反應能力也會降低；此外，還可見到勞動者的一般健康水準下降、體重減輕等現象。

夜班作業對勞動者的心理功能，也會產生明顯的不良影響。有人進行神經行為測試顯示，各項指標的得分，在夜間都下降了。例如，跟蹤行為在夜間的質和量都發生了改變；對複合信號刺激的反應時間也明顯延長了，警惕性明顯降低，這種功能對工業監督檢查和自動化生產儀表監視與調整，都非常重要。因為警惕性很高的任務，需要在相對不變的螢光顯示幕或儀表上，尋找偶爾發生的微小的不正常變動，及時加以調整，以使生產得以正常進行。測試表明在夜間四點至六點之間，勞動者的警惕性較白天下午兩點至四點之間，明顯降低。

此外，人們在幾次輪夜班作業後，因睡眠不足常引起進一步的心理障礙。業已證明，在發生了睡眠不足時，即使勞動者在輪值夜班作業完成後，改作其他班次作業時，仍會散在地出現間歇性的小失誤；如睡眠不足繼續存在下去，則執行警惕性任務的效果，即使在白班、中班，也會明顯下降。

夜班作業對社會和家庭生活也有明顯影響。長期值夜班的勞動者，白天需要休息，不宜參加社會活動，斷絕了社會資訊，使他們常常產生與世隔絕的孤獨感。此外，由於與家庭成員有著不同的作息時間表，因此與家人團聚、組織家庭生活的時間較少。

例如在週末和節假日裡，勞動者仍需工作，沒有時間參加集體閒暇文娛體育活動或家務勞動，對家庭幸福甚至家庭和睦，都可能產生影響，尤其是夫妻雙方都要輪流參加夜班勞動時，情況就更為不妙。由於彼此難以見面和交談，家務工作未安排好，小孩生活學習無人照顧，久之，常互相抱怨而造成家庭不和。

附錄
保持心理健康的三十五個生活細節

(一)面對生活中的刺激

刺激並非總是壞事

從積極的一面看，刺激能提高人們的活力。沒有它，人們會感到沒有一點動力。如果沒有必須支付房租、消費而帶來的刺激，很多人可能寧願選擇睡大覺，而不是去工作。

消極應對的結果

常常有這樣的說法：「刺激能致命」。在工作、家庭以及自身問題上，刺激會使人精疲力竭，走頭無路。刺激可能造成惡性循環。人處於刺激狀態，不思飲食，會引起營養不良，從而抗感染力下降，不願向他人訴說，進而不與他人交往，從而引起抑鬱狀態；刺激長期累積會導致怒火爆發，從而造成工作、家庭關係的緊張，這種感情上的緊張，會給人帶來精神上的痛苦，痛苦又會導致酒精和藥物的濫用，最終導致災難性的後果。

如何對付刺激

①做現實性的選擇。世界上的有些事雖可認識卻無法改變，客觀地面對現實，隨機處理。

②瞭解自己的優勢和不足。明確承認自己的力量有限，不必一個人去「包打天下」，懂得何時去求助他人。

③向親友傾訴內心的憂傷。跟親友訴說你的怒氣，透過體力活動來消散你的怒氣，或者乾脆獨自關在屋裡大喊大叫，都是可選用的變通辦法。

④學會調息。保持放鬆、減輕刺激最簡單的辦法是：找一個安靜的地方坐下來，閉上雙眼，做個深呼吸，從頭部到腳尖依次循序，全身肌肉放鬆伴有徐徐呼吸，總程為十至二十分鐘。

（二）活得快樂

當安東尼・羅賓把快樂這一項加在最重要的追求價值表內時，大家都說：「你跟我們不太一樣，你似乎很快樂。」事實上，羅賓是很快樂，可是卻從未表現在臉上。你知道嗎，內心的快樂跟臉上的快樂有很大的差別，前者能使你充滿自信、對人生心懷希望、帶給周圍之人同樣的快樂；臉上的快樂具有能消除害怕、生氣、挫折感、難過、失望、沮喪、懊悔及不中用的能力，當你遭遇了什麼事，硬是在臉上浮現笑容，就會使你覺得，再也沒什麼比這個更讓你難受的了。

擴大生活領域、嘗試新事物

學習新的技術、開拓新的途徑，都可以使人獲得新的滿足。可惜許多人往往忽略了這一點，平白喪失了使自己發揮潛能、獲取快樂的良機。

許多人以為自己應該等待一個適當的時機，以穩當的方法去開拓前程。這種想法未免過於保守，因為那個適當的時機，可能永遠不會到來。任何人的生命都不是精心設計、毫無差錯的電腦程式，所以，應該有準備迎接挑戰的勇氣。

並非只有一個答案

追求快樂的途徑很多，不光是只有你死心眼認定的那一個。一般人往往認為自己這一生，只能成功地擔任一種工作，扮演一個角色，甚至以為如果不能得到或辦到這一點，自己就永遠不會快樂，這種想法未免太狹隘了。不能達成目標固然痛苦，可是，這並不表示你從此就與快樂絕緣了，除非你自己要這樣想。對事物應採取彈性的態度，不要冥頑不靈，記住任何最好的事，都不一定只有一個。當然，這並不是要你放棄實際、可行、夢寐以求的目標，而是鼓勵你全力以赴，使夢想實現。

只跟自己比，不和別人攀

從我們懂事以後，我們就感受到「成就」的壓力，這種壓力隨著年齡的增長愈來愈強烈。因此，年輕人處處想表現優異，以為自己非得十全十美，別人才會接納自己、喜歡自己。一旦發覺自己處處不如人時，就開始傷心、自卑，結果，當然毫無快樂可言。所以你應該用自己當衡量的標準，想想當初起步錯在哪裡？如今有無進展？如果你真的已經盡了力，相信一定會今天比昨天好，明天比今天更好。

關心周圍的人、事、物

假如你對某些人、事、物很關心的話，你對生命的看法一定會大大的改觀。如果你只為自己活，相信你的生命就會變得很狹隘，處處受到局限。自我中心的人，也許會不斷地進步，但是卻永遠不易感到滿足。

臉皮可以厚一點

根據專家調查研究，使人覺得滿足的辦法之一，就是不要太在乎別人的批評，換句話說，就是臉皮要厚一點。不要因外來的逆流而屈服，不要因為別人的冷言冷語就傷心氣憤，以為自我受了莫大的傷害。不過，你倒是應該心平氣和地反省一下，如果別人的批評是正確的，你就該改進向上；如果批評是不公正的，何不一笑置之呢——也許剛開始，你不太能掌握住應付批評的對策，因為你也許會很敏感，難免會有情緒上的反應，可是，你要練習控制自己，這種技巧是終生受用不盡的。

（三）做情緒的主人

許多人都懂得要做情緒的主人這個道理，但遇到具體問題就總是知難而退：「控制情緒實在是太難了。言下之意就是：「我是無法控制情緒的。」別小看這些自我否定的話，這是一種嚴重的不良暗示，它真的可以毀滅你的意志，喪失戰勝自我的決心。

還有的人習慣於抱怨生活：「沒有人比我更倒楣了，生活對我太不公平。」抱怨聲中，他得到了片刻的安慰和解脫：「這個問題怪生活而不怪我。」結果卻因小失大，讓自己無形中忽略了主宰生活的職責。所以，要改變一下對身處逆境的態度，用開放性的語氣對自己堅定地說：「我一定能走出情緒的低谷，現在就讓我來試一試！」這樣你的自主性就會被啟動，沿著它走下去，成為自己情緒的主人。

輸入自我控制的意識，是開始駕馭自己的關鍵一步。曾經有個國中生，不會控制自己的情緒，常常和同學爭吵，老師批評他沒有涵養，他還不服氣，甚至和老師爭執，老師沒有動怒而是拿出詞典逐字逐句解釋給他聽，並列舉了身邊大量的例子，他嘴上沒說卻早已心悅誠服。

其實，調整控制情緒並沒有你想像的那麼難，只要掌握一些正確的方法，就可以很好地駕馭自己。在眾多調整情緒的方法中，你可以先學一下「情緒轉移法」，即暫時避開不良刺激，把注意力、精力和興趣投入到另一項活動中去，以減輕不良情緒對自己的衝擊。一個大考落榜的朋友，看到同學接到錄取通知書時，深感失落，但她沒有讓自己沈浸在這種不良情緒中，而是幽默地告別好友：「我要去避難了。」然後出門旅遊去了。風景如畫的大自然深深地吸引了她，遼闊的海洋蕩去了她心中的鬱積，心胸開闊了，她又以良好的心態走進生活，面對現實。

可以轉移的活動很多，你最好還是根據自己的興趣愛好，以及外界事物對你的吸引力來選擇，如各種文體活動、與親朋好友傾談、閱讀書籍、練習琴棋書畫等等。總之，將情緒轉移到這些事情上來，盡量避免不良情緒的強烈撞擊，減少心理創傷，也有利於情緒的及時穩定。

（四）衝出自己的思維模式

想一想——換個角度來講，挫折和失敗，是對人的意志、決心和勇氣的鍛鍊。

人一旦形成了思維模式，就會習慣地順著模式的思維思考問題，不願也不會轉個方向、換個角度想問題，這是很多人的一種愚頑的「難治之症」。

很多人走不出思維模式，所以，他們走不出宿命般的可悲結局；而一旦走出了思維模式，也許可以看到許多別樣的人生風景，甚至可以創造新的奇蹟。因此，從舞劍可以悟到書法之道，從飛鳥可以造出飛機，從蝙蝠可以聯想到電波，從蘋果落地可悟出萬有引力，常爬山的應該去涉涉水，常跳高的應該去打打球，常划船的應該去駕駕車，常當官的應該去為民。換個位置，換個角度，換個思路，也許我們面前是一番新的天地。

（五）保持活力

你要經常注意自己是否活力充沛，因為一切情緒都來自於你的身體，如果你覺得有些情緒溢出常軌，那就趕緊檢查一下身體吧。你的呼吸怎樣？當我們覺得壓力很重時，呼吸就會很不順暢，這樣就慢慢把活力耗竭了。如果你希望有個健康的身體，那就得好好學習正確的呼吸方法。另外一個保持活力的方法，就是要維持身體足夠的精力。怎樣才能做到這一點呢？我們都知道，每天的身體活動都會消耗掉我們的精力，因而我們需要適度休息，以補充失去的精力。根據研究調查，大部分的人一天睡六至七個小時就足夠了。

還有一個跟大家看法相反的發現，就是靜坐並不能保存精力，這也就是為什麼坐著也會覺得疲倦的原因。要想有精力，我們就必須「動」才行。研究發現，我們越是運動，就越能產生精力，因為這樣才能使大量的氧氣進入身體，使所有的器官都活動起來。唯有身體健康才能產生活力，有活力才能讓我們應付生活中各種各樣的問題。

（六）每天都有好心情

好心情是初為人父母的興奮，是喬遷新居的喜悅，是「會當凌絕頂，一覽眾山小」的豪邁。

好心情就像是歡暢的小溪，在茂密的大森林中歌唱，不管前方有多大的阻礙，它都會懷揣著激情去碰撞，搏擊後的浪花高高地越過阻擋，被陽光照得晶瑩透亮。

別不相信，好心情有時能創造奇蹟。就像慶典的夜空中綻放的煙花，隨著一聲炮響，它的美麗讓人驚歎。

（七）拓展興趣

同樣是從領導崗位上退下來，有人因無所事事而鬱鬱寡歡，充滿了失落感；有人則感到「無官一身輕」，充分利用空閒時間看書、寫作、繪畫、種花、練書法等。可見，拓展興趣有助於人們擁有好心情。

讀書

書，是人類文化遺產的結晶，是人類智慧的倉庫。英國學者培根說過：「讀書足以怡情，足以博彩，足以長才。怡情也，最見獨處幽居之時；其博彩也，最見於高談闊論之中；其長才也，最見於處世判事之際。」於是，世人甚愛讀書。讀書的妙用包括：

增加知識——培根曾經說過：「讀史使人明智，讀詩使人靈秀，數學使人嚴密，物理學使人深刻，倫理學使人莊重，邏輯學、修辭學使人善辨；凡有學者，皆成性格。」讀書，便能讀懂歷史，明瞭世界，於是古人語：「兩耳不聞窗外事，一心唯讀聖賢書；秀才不出門，卻知天下事。」

陶冶情操——古人曰，「腹有詩書氣自華」。知識真正成為心靈的一部分，可以顯現出內在的涵養。

調整心情——不同的書，看時是不同時間與心情。吃飯的時候，適合看雜誌；白天能擠出時間的時候，適合看小說；晚上獨自一個人的時候，適合看散文、詩和詞。喜歡讀書，就等於把生活中寂寞的辰光，換成巨大的享受時刻。

尋找高尚的朋友和指引——書可以成為一個忠實的朋友、良好的導師、可愛的伴侶和優婉的安慰者。雨果曾經說過：「各種蠢事，在每天閱讀好書的情況下，彷彿烤在火上一樣，漸漸熔化。」

看看童話

當人們的心理狀態趨於不平衡時，常常會出現煩躁、緊張、苦悶、憤怒、猜疑、憂鬱等情緒。用閱讀童話來調節自身情緒，是一種行之有效的方法。

童話是為兒童作的，它的內容單純、質樸、生動、活潑和理想化。當人們閱讀童話時，往往會被作品中的童心和美好的理想所感染，喚醒童年沈睡的記憶。同時，作品中描寫的富有靈性的花鳥魚蟲和各種動物，還有天真可愛的小精靈、白雪公主、灰姑娘——都在人們的心中引起強烈的美感。這樣人們便超越了自己的處境，進入了另一個世界中去，心理上的壓力被解脫了，從而達到了一種心理上的平衡，精神也變得愉快、振作和積極了。

聽音樂

雖然經過許多學者數十年的努力，音樂治療的效果至今仍沒有一致性的定論；不過，已有一些源自經驗性研究結果的理論性概念被發展出來，其中有部分概念，更可被引以為證，證明音樂治療是一種獨特的治療模式，摘要這些發現如下：

- 音樂可引發生理反應，但很難預料這些反應的方向。
- 音樂可引發心理（情緒／情感）反應。
- 音樂或許能引發想像及聯想。
- 音樂可引發認知反應。
- 音樂有引發生理及心理「共鳴」的潛力。
- 每一個體對音樂之生理的、心理的與認知的反應，均是獨一無二的。
- 音樂可同時引發心理的、認知的及生理的反應。
- 每一個體對音樂既有的瞭解程度及喜好度，與所引發的心理及生理反應很有關係；另外，其他的一些個人差異性，也會影響對音樂的反應。
- 音樂的成分與音樂整體一樣，均會對心理及生理產生影響。
- 音樂對其他治療方法，可能有增強或減弱之影響。

- 對音樂的心理及生理反應，可能是不一致的或相反的。
- 除了聆聽之外，某些音樂經驗可能有助於壓力處理。
- 音樂的震動特性，可能成為壓力處理的有力因素。
- 對音樂的生理的、心理的或認知的反應，可能因音樂訓練而異。
- 由於音樂主要應用右大腦半球的功能，或許可用來阻斷左大腦活動或促進右大腦的運作。
- 音樂可作為正增強物來強化想要的行為，聆聽或參與音樂歷程，是一種愉快的經驗。
- 音樂可藉由作為一種結構造性暗示，提供個體生理放鬆的線索，亦可當作注意集中點，因而可從分心狀態或誘發焦慮之思考中，再集中注意力。
- 音樂可作為放鬆及積極性感情反應的一種誘發刺激。
- 音樂或許可作為自律神經系統活動的一種制約刺激物。

賞花

賞花是用心靈的窗戶，進行心理「按摩」的好方法。

為了賞花之便，你不妨在陽臺或室內育幾株花，視為夥伴。如若心煩意亂時，走到陽臺上看看花，澆澆水，調整一下情緒；同時還可散步花園之中，以花為伴，觀其千姿爭豔，賞其萬縷馨香，心曠神怡，樂在其中。

釣魚

除少數人執著追求自己本職事業外，許多人都能培養自己的業餘愛好。集郵、打球、釣魚、玩牌、跳舞等，都能使業餘生活豐富多彩。每遇到心情不快時，完全可全心一頭紮到自己的愛好之中。許多人偏好釣魚。

他們認為：釣魚可以培養人的耐心和忍耐力。在河邊一動不動，一坐就是半天，這本來就是一種修身養性的好方法。再加上釣魚的地點往往是山明水秀的地方，人看看遠處的山，近處的水，也是一種很好的享受。

旅遊

遠離鋼筋混凝土的城市，抽時間與自然進行交流。下決心獨自一人在山上、海邊或寧靜的湖畔待上一整天，遠離現代文明投入舒適的度假地、旅館和餐廳。你什麼也不需要做，只需待在那兒，感覺這個地方是你自己的棲息地和家。坐下來，或悠閒地散步，全心地接受你所看、所嗅、所感和所聽到的東西。你會意識到，你正在開始體驗自己是其中一部分的宇宙的寧靜、智慧和秩序。看看天空，想一想你可能看不到但卻知道它們存在的星星，和所有其他星球。像它們一樣，你在這個廣闊的宇宙中，有自己的位置。

有時，也不需要專門花錢精心策劃整個旅遊時間。找個週六週日的時間，騎著車子，與幾個好友或妻子兒女一塊到外面去玩。沿路有花，有草，那該有多美！一路上，可以唱歌，說說笑話，打打鬧鬧，將不愉快的事情和壓力完全拋在腦後。相信你一定會得到無與倫比的樂趣。

養寵物

主動與小動物親近，小動物憑與主人感情的基礎，會逗主人歡樂，與小動物交流幾句，更可使不平靜的心很快平靜。特別是那些殘疾人、某些特殊病人，他們與常人接觸時感到窘迫，而小動物可以給他們無法替代的慰藉，能產生任何藥物都無法達到的效果，使得人們得到快慰和滿足。

（八）微笑

微笑能放鬆自己，微笑能讓自己開心，微笑將面部肌肉的神經衝動，傳遞到大腦中的情緒控制中心，使得神經中樞的化學物質發生改變，從而使心情趨向平靜。

來，微笑一下吧，好些了嗎？

心病可用「笑療」醫

「笑療」是開心一「笑」來療疾，尤其是治療「心病」的一種方法。傳說，在清朝有位縣太爺，因患心病整天愁眉苦臉，鬱鬱寡歡，食不知味，睡眠也不安穩。日子久了，只見他日漸憔悴。家人到處求醫，療效甚微。有一天，當地一位醫術高明的老郎中得知此事，便上門診病。在為縣太爺把脈之後，他一本正經地說：「你乃是得了月經不調之症。」縣太爺聽了立即笑得前仰後合，說：「此言謬也。」便把郎中逐出。後來，縣太爺逢人便講此事，每次都笑聲不止。誰知沒多久，他的病竟好了。這使他恍然大悟郎中的絕妙之處。其實，這就是「笑療」治癒了縣太爺的抑鬱症。

微笑的作用

（1）傳達對別人的信任

學會在陌生的環境裡微笑，首先是一種心理的放鬆和坦然。對待陌生人，我們該多一些真誠和善意。放下戒備，我們的內心不會再疲憊和緊張，我們的心裡也變得輕鬆而愉快。

（2）傳達給別人「相信我」的信息

學會在陌生的環境裡微笑，還是一種自尊、自愛、自信的表示。微笑來源於內心的善良、寬容和無私，表現的是一種坦蕩和大度。

（3）自我心態調整

每天對自己一笑，就是自我調理情緒。給自己一份輕鬆，一份自信，讓自己有一種良好的心態。

（4）調節緊張氣氛

這是一位老師的親身體會：「我是一名小學老師，每天都要面對著孩子們，我越來越覺得：一個可人的微笑，將會給孩子們帶來無窮的樂趣。我還清楚地記得不久前發生的一件事。那天早晨，當我走進教室時，發現衛生還沒有打掃好，學生們跑的跑，鬧的鬧，亂成了一鍋粥。見此情形，我氣不打一處來，對他們大發了一頓脾氣。隨後的講課過程中，同學們沈默異常，從他們驚恐的眼神裡，我明白自己剛才犯了錯誤。於是，我想到該活躍一下氣氛，微笑著問：『怎麼了？你們還沒有睡醒呀？』孩子們立刻笑了，幾個膽大的笑答：『醒了！』我明顯地感覺到他們鬆了一口氣。在輕鬆、愉快的氣氛中，我順利地完成了後半堂課。」

（5）傳達寬容和愛

微笑是一種非常富有感染力的表情，它證明你內心不帶虛飾、自然而然流露的喜悅，而且你這種快樂的情緒還會像陽光那樣，給別人帶來溫暖，給他人留下一個良好的第一印象。

（6）表達堅強的信念

對於自己來說，微笑也是一劑強心劑。我們臉上的表情，是我們內心世界情緒波動的晴雨表。可以想像，一個不善於微笑、整天肌肉緊張的人，一定是生活在壓力之下痛苦不堪的人，無論這種壓力是積極的還是消極的。只有真正自信和開心的人，才能有發自內心的微笑。

（7）微笑是一種處世法則

微笑是一種生活態度，更是我們可以奉為座右銘的處世法則。它可以讓我們的苦惱在不知不覺中消解，它可以消除敵手和同事天然或潛在的緊張對峙，它是一種令人會意的情感，它更是迎接新的挑戰的最好的宣示。

（8）笑是發自內心的

微笑著面對生活是很重要的。有人說生活是一面鏡子，你衝它笑它就對你笑，你衝它哭，它就衝你哭。是哭是笑，取決於你怎麼樣面對它。如果你願意去尋求人生的智慧，培養良好的心態，勇敢面對這個世界的一切，那麼，就從微笑做起吧。

現在，有不少人得了抑鬱症或其他類型的心病，不妨也採用「笑療」的方法，自己為自己治病。具體的做法是：

①當自己感覺苦悶、憂愁而又難以擺脫時，採取「逆向思維」法，多聽聽相聲、小品、喜劇，在陣陣歡笑中化開心中的鬱結，這比任何藥物或許更管用。

②多和那些喜歡幽默，又好說笑話的朋友接觸。與他們在一起，幽默的話語不絕於耳，一個個笑話讓人心中充滿歡悅。有時，還會從笑聲中得到不少人生的感悟。平時多看些歡樂的演出或電視節目，像藝文演出，還有電視中及電臺中的歡樂性節目，聽著看著，你會沈浸在會心的笑意中，那些鬱悶就會一掃而光。

「笑療」可讓朋友為你治「心病」，但大多還是自我療法，也不用去醫院，更不用花錢，可謂簡便易行，且無副作用。您若有心病，不妨試一試。

（九）幽默

幽默是生活波濤中的救生圈

拉布曾經說過：「幽默是生活波濤中的救生圈」。確實，一個成功的人是以幽默感對付挫折的。幽默能使尷尬變為融洽，化干戈為玉帛。家庭中有了幽默，便有了歡樂和幸福；夫妻間有了幽默，便能相知相契。適時的幽他人一默，可以紓解緊張氣氛，潤滑人際關係，找回平衡。適時幽自己一默，可以避免妄自尊大，看清自己。此外，幽默感也是心理是否健康的一個指標。我認為，幽默感離不開幽默；有什麼樣的幽默，就有相應的幽默感；或者說，你對幽默的特殊理解，也賦予你對幽默感的認識。

幽默感的心理調節功能

幽默常會給人帶來歡樂，其特點主要表現為機智、自嘲、調侃、風趣等。確實，幽默有助於消除敵意，紓解摩擦，防止矛盾升級，還有人認為幽默能激勵士氣，提高生產效率。美國科羅拉多州的一家公司透過調查證實，參加過幽默訓練的中層主管，在九個月內生產量提高了十五％，而病假次數則減少了一半。測驗則證明了沈悶乏味的人和具有幽默感的人，在以下幾個方面存在著差異，而這些差異，正是幽默感心理調節功能和作用所在。

（1）智商——經多次心理測驗證實，幽默感測試成績較高的人，往往智商測驗成績也較高；而缺少幽默感的人，其測試成績平平，有的甚至明顯缺乏應變能力。

（2）人際關係——具有幽默感的人，在日常生活中都有比較好的人緣，他可在短期內縮短人際交往的距離，贏得對方的好感和信賴；而缺乏幽默感的人，會在一定程度上影響交往，也會使自己在別人心目中的形象大打折扣。

（3）工作業績——在工作中善於運用幽默技巧的人，總是能保持一個良好的心態。據統計，那些在工作中取得成就的人，並非都是最勤奮的人，而是善於理解他人和頗有幽默感的人。

（4）對待困難的表現——幽默能使人在困難面前表現得更為樂觀、豁達。所以，擁有幽默感的人，即使面對困難也會輕鬆自如，利用幽默消除工作上帶來的緊張和焦慮；而缺乏幽默感的人，只能默默承受痛苦，甚至難以解脫，這無疑增加了自己的心理負擔。

怎樣培養幽默感

顯而易見，幽默感有助於身心健康。因此，要善於培養幽默感，如有機會可參加專門的幽默訓練，但更重要的還是，從自我心理修養和鍛鍊，來提升自己。

（1）釋放心襟，開闊心胸——不要對自己有不切實際的過高要求，不要過於在意別人對自己的看法，學會善意地理解別人。正確地認識自我，不論在什麼樣的環境中，總是保持一種愉悅向上的好心情。

（2）主動交際，紓解壓力——交往是人的本能行為，主動擴大交際面，有利於紓解工作壓力。在人際交往中，使自己的交際方式大眾化，與人為善，主動幫助他人，從中獲得人生樂趣。

（3）幽默就是力量——如果在交往中逐步掌握了幽默技巧，就會巧妙地應付各種尷尬的局面，很好地調節生活，甚至改變人生，使生活充滿歡樂。

（4）掌握幽默的基本技巧——帶著笑容思考，把快樂帶給別人的人，自己必然也是個快樂的人。時刻以快樂的心情擁抱生活，就連思考時也面帶笑容，便會自然而然地產生幽默感。

（5）必要時先「幽自己一默」，即自嘲，開自己的玩笑。

（6）突發奇想地轉換思維，打破墨守成規的習慣，很容易引發幽默——試著換一種思維方式或做出令人意外的舉動，或是改變談話的前後順序。發揮想像力，把兩個不同事物或想法連貫起來，以產生意想不到的效果。

（7）提高語言表達能力，注重與形體語言的搭配和組合。

（8）養成每時每刻準備發揮幽默的習慣。經常記一些有趣的故事並加以潤色，使之成為自己的獨特的小幽默。

（9）循規蹈矩的語言或行動方式，是不能引發幽默的。幽默是對習慣的一種偏離，突然轉換話題或誇張的表演，自然會引人發笑，精心設計的故意失誤，也會令人捧腹。

（十）愛與溫情

福克斯說的好，只要你有足夠的愛心，就可以成為全世界最有影響力的人。

愛情也有助於健康。心理學家和醫學家認為，愛情是雙方思想感情上的和諧，是心理活動上的一種相互補充，兩情繾綣的幸福歡樂，使這種心理轉為生理上的效應，從而使雙方體內分泌出一些有益於健康的物質。反之，互相嫌棄、討厭，甚至敵視，則會分泌出有害物質，損害健康。我國醫學名著《素女經》說：「男女不和則意動，意動則神勞，神勞而損壽。」正是這個道理。還有，唱歌吟誦，心寬大度，淡泊名利，都能使人健康。

（十一）感恩

一切情緒之中，最有威力的便是愛心，但它以不同的面貌呈現出來。感恩也是一種愛，因而人們喜歡透過思想或行動，生動表達出自己的感恩之情，同時也好好珍惜上天賜給他的、人們給予他的、人生經歷的。如果我們常心存感恩，人生就會過得再快樂不過了，因此，請好好經營你那值得經營的人生，讓它充滿芬芳。

（十二）與家人一起度過

不要把所有的精力都放在工作上，經常抽時間和家人在一起，時不時開展一些娛樂活動，便能活躍家庭氣氛，豐富家庭生活，密切老幼關係，增加友愛。要相信，親人之間的互敬互愛，可以讓你有更飽滿的精神投入生活。

（十三）談心

俗話說一個好漢三個幫，人在失意或受到挫折時，最需要朋友的關照和幫助。悶著不說會悶出病來，有了苦悶應學會向人傾訴的方法。此時，你可走出家門，找自己的知心朋友談談心，一吐心中的不快，在善意的勸導、熱心的安慰下，使精神的痛苦得以消除。當然，這就需要先學會廣交朋友。如果經常防範著別人的「侵害」而不交朋友，也就無愉快可談。沒有朋友的話，不僅遇到難事無人相助，也無法找到可一吐為快的對象。

（十四）與人為善

與人為善有助於健康。美國耶魯大學病理學家曾對七千多人進行追蹤調查，結果顯示，凡與人為善的人，死亡率明顯降低。作家巴爾扎克曾說：「靈魂要吸收另一顆靈魂的感情來充實自己，然後以更豐富的感情回送給人家。人與人之間要沒有這點美妙的關係，心就沒有生機，它缺乏空氣，它會難受枯萎。」

與人為善要求多捨少。俗話說「知足者常樂」，老是抱怨自己吃虧的人，的確很難愉快起來，更別提與人為善了。多奉獻少索取的人，總是心胸坦蕩，笑口常開。整天與別人計較薪資、獎金、分紅、隱性收入的人，心理怎麼會平衡？只有聽之任之，給多少也不在意的人，心情才比較穩定。對別人能廣施仁慈之心，包括當素不相識的路人遭遇困難時，也能慷慨解囊、毫不吝嗇的人，很少出現煩心事。

人與人之間難免有爭吵、有糾葛。只要不是原則性問題，就不妨「糊塗」一點。不要「得理不饒人，無理爭三分」，更不要因一些雞毛蒜皮的小事，爭得臉紅脖子粗，而傷了和氣。

（十五）振奮與熱情

如果做任何事情帶著振奮與熱情，它就會變得多彩多姿，因為它們能把困難化為機會。十九世紀英國首相狄斯雷利曾說過這樣的話：「一個人要想成為偉人，唯一的途徑便是做任何事都得抱著熱情。」我們要如何才會有熱情呢？就跟要如何才會有愛、有溫情、有感恩和好奇心一樣，只要我們決定想熱情，你可以運用表情：講話要有力、看事情要遠、以無比的決心去追求期望的目標。可千萬別渾渾噩噩過日子，那不僅生活過得會很乏味，人生也會充滿了貧瘠。

（十六）重複決心

設計一個決心，並把決心變成一句話，例如：我一定能成功，相信「天生我才必有用」，「長風破浪會有時，直掛雲帆濟滄海」。當我們遇到屋漏偏逢連夜雨時，不妨連續念十遍：我一定能成功，我一定能成功！

（十七）毅力

上面所說的都很有價值，然而，你若想在這個世界上留下值得讓人懷念的事跡，那就非得有毅力不可。毅力能夠決定我們在面對困難、失敗、誘惑時的態度，看看我們是倒下去了，還是屹立不動。如果你想減輕體重、如果你想重振事業、如果你想把任何事做到底，單單靠著「一時的熱勁」是不成的，你一定得具有毅力方能成事，那是你產生行動的動力源頭，能把你推向任何想追求的目標。有毅力的人，他的行動必然前後一致，不達目標絕不罷休。

（十八）彈性

要保證任何一件事能夠成功，保持彈性的做事方法絕不可少。要你選擇彈性，其實也就是要你選擇快樂。在每個人的人生中，都必然會遇到諸多無法控制的事情，然而，只要你的想法行動能保持彈性，那麼人生就能永保成功，更別提生活會過得多快樂了。

（十九）信心

不輕易動搖的信心，是我們每個人所嚮往的，如果你想一直都有信心，甚至對於始終未曾接觸過的範圍，那麼，你一定要從心裡建立起「有信心」的信念。

如果有人問你是否有信心能把鞋帶繫好？相信你在事實上會以十足信心回答說沒問題，為什麼你敢說得那麼肯定？只因為你做過這件事情已經成千上萬次了。同樣的道理，如果你能不斷從各方面練習自己的信心，遲早有一天你會發現，不知何時信心已在那裡。

（二十）好奇心

如果你真心希望你的人生能不斷成長，那麼，就得有像孩童般的好奇心。孩童是最懂得欣賞「神奇」了，因為那些神奇，能佔據孩童的心靈。如果你不希望人生過得那麼乏味，那就在生活中多帶些好奇心；如果你有好奇心，那麼便會發現生活中，處處都有奧妙之處，你就能更好地發揮潛能。

（二十一）做你真正熱愛的工作

有時候不要牽強，因為如果你去追有些東西，還是能追得回來的。

林文娟本來是教師，她的畢業學校就是師範大學，可是她就是不喜歡當教師，因為她覺得她的表達能力實在是欠缺，每次聽到底下的學生在竊笑，她就以為是自己的課程教得不好，這使她的自信心受到極大打擊。其實富有藝術才華的她，在中學時代就酷愛美術，並且她的畫還得過獎。因為美術可以讓她用筆去表達，而不是用口。

在一位朋友的勸說下，她跳槽了，當然她跳槽之前也做了很多準備工作，比如去學一些她覺得必須有所掌握的東西。在另一位朋友的介紹下，她進了一家廣告公司，現在她已經升任製作部經理，並且還是公司的股東之一。四年的時間，讓她有了一種脫胎換骨的感覺。

不過，僅憑一份熱愛之情去開創你所夢想的事業那是不夠的。有了這種熱情，你還需要尋求建議，進行市場調查，制定完整的計劃，自我改善，並且學會從錯誤中吸取教訓，因為每個人在開始時都會犯錯。一旦夢想成真，你需要更加小心謹慎，一定要根據自己事業的特點，謀求更大的發展。

雖然成功的感覺十分美好，而且像林甜甜那樣的成功，還伴隨著金錢上的回報。但是，能夠做你夢想的事業，才是真正的意義所在。

（二十二）想做就做

在日常生活中，有許多應該做的事，不是我們沒有想到，而是我們沒有立刻去做。時間一過，就把它忘了。其原因，有時是因為忙，有時是因為懶。一個事務繁忙的人，想到某一件事該做，但他當時沒有時間，於是會想，「等一下再說吧！」但等一下後，為其他事務分神，就把這件事忘了。

拖延的習慣，不但耽擱工作的進行，而且在自己精神上也是一種負擔。事情未能隨到隨做，隨做隨了，卻都堆在心上，既不去做，又不敢忘，實在比多做事情更加疲勞。

（二十三）做事有始有終

無論大小事，既經開始，就應勇往直前地做完。我國傳統規矩，家庭教子弟寫字，無論有什麼事打擾，也不准把一個字只寫一半。即使這個字寫錯了，準備塗掉重寫，也要寫完了再塗。這正是教人不忽視任何小事的最好的起點。在日常小事上養成有始有終的好習慣，將來做時才不會輕易的半途而廢。

假如你有未完成的工作，未縫完的衣服，未寫成的稿件，等等，希望你能把它們找出來整理一下，安心去完成。相信當完成之後，你會覺得非常快樂。

也有些人在面臨一項新的工作時，會為它的繁重與困難而心情緊張、沈重、不安。這些人大多較為拘謹而責任感又重。祛除這種緊張、沈重與不安的辦法，只有立刻著手去做這件事。當開始工作之後，他會很意外地發現，事實並不那麼困難，而對自己也有了信心。

（二十四）提升自己

培訓能降低失業風險。雙向選擇的實施和現代社會的競爭，使工作的不穩定性不斷增大。實踐證明，如果能參加較多的訓練課程，就會增加實力，失業的可能性也會降低。

教育訓練也能幫助你更換更好的工作。經過一系列專業培訓的人們，往往獲得了更大的發展機會，更有資本跳槽到其他公司，謀求更大的發展。所以說，如果想順利離職，跳得更高的話，就不能忽視企業的培訓和深造的機會，只有你的素質獲得了提升，才能有其他公司找你，才能在別的企業獲得更高職位的工作。

（二十五）憧憬未來

世界文化名人蕭伯納是個自信心極強的人，他筆鋒所向，辛辣無比。可是，有誰會想到，他小時候竟是個怯懦的人呢？

有一次，他來到校長室門前，想敲門進去，但手剛剛舉起又放了下來，他猶豫了一陣，還是由門前走了過去。沒走幾步，他又折了回來，並在心中暗暗下著決心：這次一定要進去！可是，事到臨頭，他又失去了勇氣。就這樣，他在校長室門前徘徊了三十多分鐘，最後才鼓足了勇氣，敲響了校長室的門。

為了克服這種怯懦，真不知他煞費了多少苦心！

「我說這話，人家會笑話我吧？」

「該不會叫人以為我在出風頭吧？」

諸如此類的擔心無時無刻不在支配著他，但他又十分清楚，自己的這種怯懦將會扼殺多少構想。因此，他下決心要從怯懦中自拔出來。

首先，他試著在眾人面前講話。起初，腿肚子都直打哆嗦，而後，他便有意識地擺出一副自信的樣子，不斷延長自己的講話時間。他由怯懦中一步步拔出來，終於成為具有堅定信念和充滿自信力的人。

而大多數人，在怯懦這點上，與蕭伯納的少年時代又何其相似！怕羞，謙卑，多慮，愛面子，怕人恥笑，不越雷池一步，然而，這些性格怯懦的表現，卻一直被看作是一種優良的道德品質。誠然，其中確有堪稱道德的一面，然而，正是這種道德造成了無數好建議、好構想、好創造的被扼殺。

當我們進行創造與思維時，切莫為這種道德所束縛。

文學巨匠莎士比亞說：「這種躊躇和猶豫，其實是對自己的背叛。當幸福之神來到眼前而不抓住，那是沒有第二次機會的。如果遇事連試都不敢試，那他一生都不會與幸運有緣。」

那些想要發展自己的人，必須要首先發揚自己的表現精神。就是說：要敢於向別人公開自己的見解與設想，要敢於實踐自己的設想。不要忘記，無論是火車還是汽車，以及其他給我們人類帶來進步的一切發明，當初都曾被人呵斥為「胡鬧」、「瘋子」。

（二十六）坦然自若

要認識到困難是生活的一部分，遇到困難不要抱怨，不要怨天尤人，這樣只會增加壓力和失望。要正視困難，仔細分析造成困難的主客觀因素，冷靜尋求解決辦法。成功的人，也是戰勝困難的人。

（二十七）轉移情緒

如果碰到不順心的事情，或與家人、同事發生爭吵，不妨暫時離開現場換一下環境，努力把不快的思路，轉移到高興的事情上去。

比如與朋友談心或參加娛樂活動，有助於沖淡或趕走不良情緒。再比如換一個房間、換一個聊天對象、有意去做一件事、去串門會一個朋友，或有意上街去看熱鬧等。

（二十八）關注心靈

①假日裡情緒較容易波動，不要為了調解別人的糾紛，把自己搞得精疲力盡，讓朋友們自己解決他們的私人問題吧。

②每天花十五分鐘，進行冥想或記日記。

③將棘手的問題列一張單，每解決一件就劃掉它，這樣會建立一種成就感。

④學會拒絕：不需要的幫助；無法回贈的禮物；沒有時間或不想參加的派對。

⑤善待自己：試著不坐公共汽車，改乘計程車；享受一次身體按摩；在某一天的晚上九點以前上床睡覺，補充睡眠。

⑥享受一次提神醒腦、放鬆身心的香薰，薄荷、迷迭香、廣藿香和羅勒，有鎮定作用；桉樹油、檸檬和松香，可以提升精力。

⑦無論信仰什麼，重新關注精神和靈魂。假日是製造美好回憶的好時機。

（二十九）放鬆，盡量放鬆

壓力是生活的內容之一，現實生活中存在來自各方面的壓力，面對壓力如何控制自己的情緒是修養素質。在重壓之下，人們可能有不同的反應，或迎接挑戰，或情緒低落，或麻木不仁，或舉止失態、沒有良好的心態，不僅是心理危險，也是肌體危險，人們的心理壓力越重越容易生病，如感冒、慢性病，甚至易患危及生命的疾病。

放鬆療法

放鬆療法又稱鬆弛療法、放鬆訓練，它是一種透過訓練有意識地控制自身的心理生理活動、降低喚醒水平、改變肌體紊亂功能的心理治療方法。實踐表明，心理生理的放鬆，均有利於身心健康，達到治病的作用。

放鬆療法的實施

環境要求：房間安靜整潔，光線柔和，周圍沒有噪音。行為施治者多用會談室，對求治者進行肌肉放鬆訓練。

聲音要求：訓練時，一般是施治者本人用語言指示求治者放鬆，說話聲音應低沈、輕柔和愉快。

準備工作：靠在沙發上，盡量使自己坐得舒適些，讓求治者閉上眼睛。

深呼吸

呼吸並不只有維持生命，吐納之法還可以清新頭腦，熨平紛亂的思緒。所以，當你因壓力太大而心跳加快時，不妨試著放鬆身心，做幾個深呼吸。進行深呼吸，能增加血液中的氧，有助於很快放鬆心情。簡單用胸部快速淺呼吸，只能導致心跳加快，肌肉緊張，會增加壓力感。正確的呼吸方法是放鬆腰帶，雙手扶下腹，均勻平緩深呼吸。想想，為什麼籃球運動員在投罰球前，都會做一個深呼吸。

想像

聽起來很新鮮，其實，研究證明能有效減輕壓力。例如設想自己在洗熱水澡，在草地漫步，雖然沒有看見，聞到近處有蘭花，踩著鵝卵石在沒膝深的溪水中探行，躺在海灘上讓潮水一遍一遍地沖刷。要注意想像一些聲音、景象、氣味等細節。

自我按摩

按摩是我國的氣功之一，全身保健按摩是活動全身的皮膚，穴位按摩是手指點按幾個穴位，其中有印堂、風池、太陽、內關、外關、足三裡和湧泉，以及肩與頸之間的大塊區域。按摩時，可以配合深呼吸和意念循環。

氣功

氣功是古老而神祕的學問，氣功是意念、動作、呼吸相結合的功夫，我們可以曲膝馬步蹬襠，上體筆直，吸氣時雙手慢慢抬起，平肩，呼氣時雙手慢慢放下，多做幾次。

輕鬆地結束，快樂地開始

①假期裡不要再看那些使人精神緊張的電視新聞節目，不妨收看一些喚起童心的娛樂節目。租一些可以稱作「精神食糧」的VCD、DVD來欣賞。

②放鬆呼吸，做一次小小的休息：採取舒服的坐姿，將雙手放於腹部，感覺呼吸時腹部的起伏。給需要幫助的人送一件禮物或做一件事情，你的快樂將比接受幫助的人還多。

③在幫助了別人或做了開心的事情之後，給自己一個小小的獎勵。比如，一塊巧克力或一枚硬幣。

④購物時，別忘了尋找自己想要的東西，告訴售貨員你需要什麼，也許會有驚喜的發現。

⑤在出現感覺疲憊、頭疼或注意力不集中這些「假期綜合症」時，不妨在午後小睡片刻。

（三十）控制怒氣

發怒了，忍無可忍，我摔，啊！痛快了。唉！又後悔了。我為什麼要摔？憤怒從你的胸腔向上湧（只是感覺），湧到頭頂，彌散到整個大腦，不舒服，向下傳到手臂，手臂有些酸脹感，想用力，把這種不舒服的感覺釋放出去。隨意抓住身邊的東西，折斷、摔碎。唉，我怎麼總控制不住，該怎麼控制呢？

當你的手臂有酸脹或要發力的感覺時，你便可以控制，將你的手抬於耳側，手指伸出，略有彎曲。保持此姿勢，放鬆你的手臂。然後將手臂自然平放於桌上。

東西沒有摔，好，但憤怒好像沒有釋放，長出幾口氣，忍下吧。學會心平氣和，是你控制憤怒最好的方法。當憤怒來臨時，放鬆你的胸部和背部的肌肉，強行壓住憤怒，時間久了，你會學會的。

（三十一）寬容

穿梭於茫茫人海中，面對一個小小的過失，常常一個淡淡的微笑，一句輕輕的歉語，帶來包涵諒解，這是寬容；在人的一生中，常常因一件小事、一句不注意的話，使人不理解或不被信任，但不要苛求任何人，以律人之心律己，以恕己之心恕人，這也是寬容。

學會寬容，意味著你不再心存疑慮

法國十九世紀的文學大師維克多．雨果，曾說過這樣的一句話：「世界上最寬闊的是海洋，比海洋寬闊的是天空，比天空更寬闊的是人的胸懷」。雨果的話雖然浪漫，卻也不無現實啟示。

相傳古代有位老禪師，一日晚在禪院裡散步，突見牆角邊有一張椅子，他一看便知有位出家人違犯寺規，越牆出去溜達了。老禪師也不聲張，走到牆邊，移開椅子，就地而蹲。少頃，果真有一小和尚翻牆，黑暗中踩著老禪師的背脊跳進了院子。當他雙腳著地時，才發覺剛才踏的不是椅子，而是自己的師父。小和尚頓時驚慌失措，張口結舌。但出乎小和尚意料的是，師父並沒有厲聲責備他，只是以平靜的語調說：「夜深天涼，快去多穿一件衣服。」

老禪師寬容了他的弟子。他知道，寬容是一種無聲的教育。

有人說寬容是軟弱的象徵，其實不然，有軟弱之嫌的寬容，根本稱不上真正的寬容。寬容是人生難得的佳境——一種需要操練、需要修行才能達到的境界。

三國時，諸葛亮初出茅廬，劉備稱之為「如魚得水」，而關、張兄弟卻未然。

在曹兵突然來犯時，兄弟倆便「魚」呀「水」呀地對諸葛亮冷嘲熱諷，諸葛亮胸懷全局，毫不在意，仍然重用他們。結果新野一戰大獲全勝，使關、張兄弟佩服得五體投地。如果諸葛亮當初跟他們一般見識，爭論糾纏，勢必造成將帥不和，人心分離，哪能有新野一戰和以後更多的勝利呢？

寬容，意味著你不會再患得患失

俗語有「宰相肚裡能撐船」之說。古人與人為善之美、修身立德的諄諄教誨卻警示於世人，一個人若肚量大、性格豁達方能縱橫馳騁；若糾纏於無謂雞蟲之爭，非但有失儒雅，反則終日鬱鬱寡歡，神魂不定。唯有對世事時時心平氣和、寬容大度，才能處處契機應緣、和諧圓滿。

唐朝諫議大夫魏徵，常常犯顏苦諫，屢逆龍鱗，但唐太宗寬容為懷，把魏徵看作是照見自己得失的「鏡子」，終於開創了史稱「貞觀之治」的太平盛世。

如果一語齟齬，便遭打擊；一事唐突，便種下禍根；一個壞印象，便一輩子倒楣，這就說不上寬容，就會被百姓稱為「母雞胸懷。」

（三十二）遺忘

要想活到老，遺忘不可少。

①忘掉年齡，保持旺盛活力。人的生理年齡是客觀的，但心理年齡則不同，它反映了人的精神狀態。有人剛過花甲之年，就不斷暗示自己老了。這種消極心理是健康長壽的大敵。人說，「人不思老，老將不至」是有道理的。

②忘掉怨恨，寬容對事對人。一個人種下怨恨的種子，就想報復，甚至千方百計琢磨報復的方法、時機，使人一生不得安寧。

③忘掉悲痛，從傷心中解脫出來。如親人遇到天災人禍或死亡，常使人沈浸在悲痛之中不能自拔，時間過長即損害人的身心健康。因而，遇到此類事時應想開一些，從中解脫出來。

④忘掉氣憤，想得開忘得快。人一想到令人氣惱之事，容易急躁，氣血堵塞，血壓升高，心跳加快，甚至因氣憤而死亡。因氣而傷身害己，代價太大了。

⑤忘掉憂愁，減少病痛纏身。多愁善感難免疾病抬頭，現代醫學認為，憂愁是抑鬱症的主要根源。一生多愁善感會導致多種疾病纏身，最終讓病魔奪去生命。

⑥忘掉悔恨，過去的已過去。凡是使人後悔的事，都隨著歲月流逝而成歷史，

應該提得起，放得下，總去想追悔莫及的事情，日久，只能傷心傷神。

⑦忘掉疾病，減輕精神壓力。人得了病，多數被疾病的的痛苦所困擾，總惦記身上的病，甚至擔心日子不多，這樣毫無益處。因為精神專注於病，會使免疫力下降，反而使疾病加重。得了病，泰然處之，從精神上戰勝疾病。

⑧忘掉名利，活得更加瀟灑。名利是人們一生都追逐的，必須正確對待。尤其是老人，只有忘掉名利，知足常樂，做個樂天派，才能使人健康長壽。

（三十三）淡泊名利

現實生活中，有些人把名利二字看得很重，為了達到個人目的，常常挖空心思，不擇手段。其實，名利猶如過眼煙雲，生不帶來、死不帶去，何苦把它看得那麼重。淡泊名利，海闊天空。

（三十四）珍惜所有

曾經有一天，一個愁眉苦臉的男孩來到爺爺面前，傷感地說：「我是一個又醜又沒有人愛的孩子，活著可真沒意思！」爺爺送給他一塊石頭，說：「明天早上，你拿這塊石頭到市集上去賣，但不是『真賣』。無論別人出多少錢，都不能賣。」

第二天，男孩蹲在街頭的一個角落，面前擺著那塊石頭的價錢，果然有人向他打聽那塊石頭，而且價錢愈出愈高。回來後，男孩興奮地向爺爺報告，爺爺笑了笑，要他明天拿著石頭再到黃金市場上賣。在黃金市場，竟有人喊出比昨天高十倍的價錢要買那塊石頭。後來，男孩把石頭拿到寶石市場上去展示。結果，石頭的身價較昨天又漲了十倍，由於男孩怎麼也不賣，這塊普通的石頭，竟被人傳為「稀世珍寶」。為什麼會這樣呢？

爺爺說：「一塊不起眼的石頭，之所以被人說成稀世珍寶，是由於你的珍惜提升了它的價值。生命的價值就像這塊石頭一樣，在不同的環境下，就會有不同的意義。不管是誰，只要看重自己，自尊自愛，生命就有了意義，就有了價值。」從此，男孩的臉上常常充滿燦爛的笑容。是啊，我們希望得到別人的愛，我們更要學會愛自己。

（三十五）換換胃口

心情不好會吃不下飯，一些健康食品有助於紓解焦慮，如清爽可口的食物，某些滋補品。不管怎麼樣，調節食譜，換換胃口是改變心情的好方法。